독립군이 된 간호사들
박자혜·정종명·노순경

글 이창숙

화성에서 나고 자랐으며 지금은 북한산 아래에서 동화와 동시, 청소년 소설을 쓰고 있습니다. 《화성 소년 장비》《매》《개고생》《내 사랑 미미공주》 등의 동화와 《무옥이》《조선의 수학자 홍정하》《저수지 괴물》 등의 청소년소설을 썼습니다. 《함께 살아요 우리 공동체》《효자동 파란집 장서민 대통령》《귀에 쏙쏙 들어오는 국제분쟁 이야기》 등의 지식정보책을 썼고, 동시집 《깨알 같은 잘못》을 냈습니다.

천천히읽는책_56

독립군이 된 간호사들
박자혜·정종명·노순경

글 이창숙

펴낸날 2022년 8월 10일 초판1쇄
펴낸이 김남호 | 펴낸곳 현북스
출판등록일 2010년 11월 11일 | 제313-2010-333호
주소 07207 서울시 영등포구 양평로 157, 투웨니퍼스트밸리 801호
전화 02) 3141-7277 | 팩스 02) 3141-7278
홈페이지 http://www.hyunbooks.co.kr | 인스타그램 hyunbooks
편집 전은남 유은경 | 디자인 김영미 | 마케팅 송유근 함지숙
ISBN 979-11-5741-322-5 73910

ⓒ 이창숙 2022

이 책은 저작권법에 의하여 보호를 받는 저작물이므로 무단 전재 및 복제를 금지하며,
이 책 내용의 전부 또는 일부를 이용하려면 반드시 저작권자와 현북스의 허락을 받아야 합니다.

⚠ 주의 종이에 베이거나 긁히지 않도록 조심하세요. 책 모서리가 날카로우니 던지거나 떨어뜨리지 마세요.

독립군이 된 간호사들

박자혜·정종명·노순경

글 이창숙

차례

1. 박자혜 간호사   6

    일제가 운영하는 병원의 간호사로는 살지 않겠다
    연경대학 의예과에 입학하다
    '간우회'를 조직하여 만세운동을 하다
    신채호 선생과 만나다
    '산파 박자혜'를 운영하다
    가족이 함께한 짧은 한 달
    여순 감옥에서 유골함을 안고 돌아오다
    어떤 어려움이 닥쳐도 후회하지 않는 삶

2. 정종명 간호사   54

    여성이 깨어 일어나야 조선의 독립도 이룰 수 있다
    일본경찰들이 제지해도 강연을 계속하다
    우리나라 최초 간호사 파업을 일으키다
    조선의 독립과 함께 여성의 권리도 중요하다
    조선간호사협회 창립
    독립운동가를 격려하고 지원하다
    어머니도 아들도 옥고를 치른 독립운동가 가족

3. 노순경 간호사　　　　　　　　　　　84

만세운동으로 유관순 열사와 함께 수감되다
고문 당한 사실을 알리다
어려서부터 키워 온 민족의 독립에 대한 열망
상해임시정부 국무총리 노백린 장군의 둘째 딸
온 가족이 독립운동가 집안

4. 대한간호협회가 선정한 독립운동가 간호사 74인　110

간호사의 항일구국운동　　　　　　　　　128

"이렇게 살 수는 없어.

우리 간호사들이 힘을 합쳐

함께 어려움도 이겨나가고

조선 독립에 도움이 될 수 있도록

모임을 만들자"

박자혜
간호사

일제가 운영하는 병원의 간호사로는 살지 않겠다

일본 경찰의 눈을 피해 만주로 가는 기차에 오른 스물세 살의 박자혜 선생은 멀어져 가는 조국을 자세히 바라봤어요. 기차 안에는 나라를 잃고 집도 잃고 만주로 떠나는 사람들로 가득 차 있었어요. 그들의 고단한 얼굴을 바라보며 박자혜 선생은 다짐했어요.
"반드시 조선의 독립을 이룰 것이다."

며칠 전, 박자혜 선생은 만주에 있는 아는 분에게 조선총독부의원으로 거짓 전보를 쳐 달라고 부탁했어요.

길림성에 계신 아버님 위독. 빨리 오기 바람

박자혜 선생은 병원 당국에 전보를 내보이며 아버지 병간호를 하러 가야 하니 2주 휴가를 내 달라고 했어요. 병원 측에서 휴가를 내주자마자 곧바로 경성역으로 향해 만주행 열차를 탔어요.

　이 무렵 이렇게 휴가를 내고 병원을 떠난 사람은 박자혜 선생만이 아니었어요. 외과 신차엽, 산부인과 김달환, 연구과 김영오, 내과 김용채, 소아과 권희목 의사와 간호사 네 명도 이런저런 핑계를 대고 병원을 떠났어요. 만세운동에 참여한 뒤 일제의 감시가 너무나도 심했기 때문에 경성에서는 더 이상 조국을 위해 아무 일도 할 수 없었거든요.

　일제의 감시를 피하려 낯선 땅에 온 박자혜 선생은 막막했어요.

　"만주 봉천에 사는 우응규 씨를 찾아가세요. 미리 연락을 넣어 놓을게요."

　독립운동을 하는 누군가 알려 준 말만 믿고 박자혜 선생은 용감하게 조국을 떠나 먼 길을 간 거예요. 박자혜 선생은 그동안 받은 월급은 집안 살림에 보탰기 때문에 차비 이외에 가진 돈이 거의 없었어요. 그 적은 돈도 앞으로의 상황이 어떻게 될지 몰라 함부로 쓸 수가 없었지요.

연경대학 의예과에 입학하다

만주는 조선과는 모든 것이 달랐어요. 우선 말이 통하지 않고 음식도 몸에 맞지 않아 배탈이 나기도 했어요. 두려웠지만 박자혜 선생은 후회하지 않았어요. 조선인들에게 물어물어 우응규 선생을 찾아갔어요. 신원이 확인 안 된 사람이 무턱대고 독립군에 접근했다가는 자객으로 오해를 받을 수도 있어요.

우응규 선생은 만주 봉천에서 동래상회라는 정미소를 운영하고 있었는데 독립운동을 하다 조국을 떠나온 사람들을 중국과 만주에 있는 독립군들과 연결해 주는 연락책을 맡고 있었어요.

"잘 오셨습니다. 고생이 많았지요?"

우응규 선생은 박자혜 선생에게 잠잘 곳을 마련해 주고 편히 쉬도록 해 주었어요. 며칠이 지나 피로가 풀리자 우응규 선생은 무언가를 내밀었어요.

"자, 이걸 가지고 주소에 적힌 분을 찾아가 전해 주세요. 연경대학에 편입학하게 도와달라는 편지예요."

"연경대학이요? 제가 무슨 돈으로 대학을 다니겠어요?"

"선생은 간호사셨으니, 더 공부를 해 의학으로 조국에 도움을 주는 것이 좋겠다는 결정을 내리셨나봐요. 독립운동을 하는 분들이 도움을 주실 겁니다."

우응규 선생은 편지와 함께 차비도 마련해 주었어요.

"고맙습니다. 이 은혜를 어찌 갚을지."

"그런 말 마십시오. 선생이야말로 안락한 삶을 버리고 독립운동을 하려는 갸륵한 분인걸요."

우응규 선생이 소개해 준 분의 도움으로 박자혜 선생은 연경대학 의예과에 입학해 공부를 하게 되었어요. 누구인지 확인할 수는 없지만 독립운동 단체에서 박자혜 선생의 의학대학 학비를 지원했을 거예요. 모든 것이 낯설고 어려웠지만 박자혜 선생은 이를 악물고 공부했어요. 또한 그곳에서 독립을 위해 애쓰는 사람들과 만나면서 독립에 대한 의지가 더욱 굳어졌지요.

박자혜 선생은 어려서부터 활달한 성격이었어요. 연경대학 의예과에 다닐 때는 여자 축구부를 만들어 활동하기도 했어요. 아무리 어려운 상황에서도 주저앉아 울고 있지 않았어요.

"자, 우울하게 앉아 있지 말고 축구나 한 판 하자고요!"

박자혜 선생은 늘 축 처진 주변 사람들에게 긍정적인 영향력을 미치는 활력 넘치는 분이었어요.

'간우회'를 조직하여 만세운동을 하다

박자혜 선생은 1919년 3·1운동이 벌어지기 전까지는 앞날이 밝은 신여성이었어요. 1895년 12월 11일 경기도 양주에서 출생한 박자혜 선생의 아버지는 박원순이란 분이었고 어머니에 대한 기록은 없어요.

아버지는 박자혜 선생을 어린 나이에 궁궐의 궁녀로 입궁시켰어요. 궁에 들어갈 때만 해도 한번 궁인은 영원한 궁인이라고 굳게 믿었기 때문에 궁을 나올 거라고는 생각조차 하지 않았어요. 하지만 조선이 몰락하자 왕실은 100여 명의 궁녀를 궁궐 밖으로 내보냈어요. 박자혜 선생도 그때 궁을 나오게 되었어요.

"여자도 배워야 한다."
어리지만 총명했던 박자혜 선생을 그동안 지켜봐 온 순종의 부인 윤비는 공부할 수 있도록 후원해 줬어요.
박자혜 선생은 숙명여학교에 입학해 신교육을 받았고 조산부 양성소를 거쳐 간호사가 되었어요. 졸업 후에 조선 총독부 의원에 취직해 일본이 주는 봉급을 받으며 살 때만 해도 조선의 독립에는 관심이 없었어요. 그저 좋은 직장에 다니며 부모를 잘 모시고 좋은 남편을 만나 편안히 살 수 있는 미래를 꿈꿀 뿐이었지요.

하지만 1919년 3·1만세운동은 박자혜 선생의 운명을 송두리째 뒤흔들어놨어요. 조선 독립을 부르짖는 사람들이 일본 경찰의 총칼에 무수히 피를 흘리며 쓰러졌지만 그치지 않고 계속 이어졌어요. 서울 시내의 모든 병원이 피비린내와 신음으로 가득 찼어요. 박자혜 선생이 일하던 총독부의원 역시 마찬가지였습니다. 총을 맞거나 칼에 베인 환자들이 피를 흘리며 끝없이 들어왔어요. 침대가 부족해 바닥에 누운 환자도 많았고 변변한 치료도 못 받고 숨을 거두는 사람도 많았어요.

박자혜 선생은 큰 충격을 받았고 이렇게 무자비하게 탄압하는 일제에 분노가 치밀었어요.

"이 사람들은 왜 이렇게 조선의 독립을 외치는가? 일본 경찰은 왜 이다지도 잔인하게 조선인들을 죽이는가?"

그러면서 차츰 자신에게 질문하기 시작했어요.

"나는 그동안 조선총독부 의원에서 무얼 하고 살았나?"

3월 6일 오후 6시경. 박자혜 선생은 총독부 의원에서 조선인 간호사들을 모아놓고 설득했어요.

"이렇게 살 수는 없어. 우리 간호사들이 힘을 합쳐 함께 어려움도 헤쳐 나가고 조선 독립에 도움도 될 수 있도록 모임을 만들자."

　모임 이름은 간호사 친구들의 모임, '간우회'라고 지었어요. 당시 총독부 의원의 의사와 간호사는 대부분 일본인이었고 조선인은 의사와 간호사를 합쳐 채 20명도 되지 않았어요. 이들 중 4명의 간호사와 함께 밤새 유인물을 작성하여 3월 10일 길거리 시위를 했어요.

　"대한독립 만세!"

　이후 박자혜 선생을 비롯한 간호사들은 일본 경찰에 체포돼 유치장에 갇혔어요. 총독부 의원 원장이 보증을 서 풀려날 수 있었지만 일본 경찰들은 이후에 박자혜 선생을 사사건건 감시했어요. 병원 측에서도 인원이 부족해 갇혀 있던 간호사들을 보증을 서서 빼내 왔지만 박자혜 선생과 간우회 간호사들을 감시하고 협박하기 시작했어요. 다시 한번 이런 일이 있을 때에는 감옥에서 빼내 주지 않고 병원에서도 자르겠다고 했어요.

　박자혜 선생은 더 이상 총독부 의원에서 마음 놓고 일을 할 수가 없었고, 일본의 돈을 받으며 일을 하고 싶지도 않았어요. 박자혜 선생은 망설이지 않고 스물셋의 앳된 나이에 홀로 과감히 조국을 떠난 거예요.

신채호 선생과 만나다

　북경에서 박자혜 선생은 힘들게 의예과에 다니는 중 틈틈이 강연과 모임을 찾아다니며 독립운동가들과 사귀었어요. 나라를 잃고 중국으로, 만주로 떠난 사람들이 많아서 북경에도 조선인들이 많이 있었어요. 자연히 서로 친하게 지내게 되었지요. 그러던 어느 날 강연을 듣게 되었어요. 박자혜 선생은 주변 사람에게 강연을 하는 이가 누구인가 물었어요.
　"신채호 선생이잖아."
　"아, 역사를 잊은 민족에게 미래는 없다고 하신?"
　그제야 박자혜 선생은 신문에 실렸던 사진이 기억났어요. 나라를 떠나 10년 세월을 고생한 신채호 선생은 얼굴이 너무 심하게 상해서 알아보지 못할 정도였어요.

신채호 선생은 1905년 26세에 성균관 박사가 되었지만 관직에 나가지 않고 〈황성신문〉 논설기자로 입사해 애국 계몽운동을 펼쳤어요. 그러나 1905년 을사늑약이 체결되었어요. 을사늑약이란 1905년 러일전쟁에서 승리한 일제가 대한제국의 외교권을 박탈하기 위해 강제로 체결한 조약으로 우리나라의 국권을 빼앗긴 사건이에요. 〈황성신문〉의 사장이었던 장지연은 시일야방성대곡, 즉 일본이 침략한 이 날을 목놓아 운다는 제목의 논설로 일본을 강하게 비판했어요. 그러자 일본은 〈황성신문〉을 무기정간시켰어요. 신문을 내지 못하게 한 거지요.

신채호 선생도 직장을 잃어 글을 쓸 수 없다가 이후 〈대한매일신보〉에 다시 글을 쓰게 돼요. 이 신문은 베델이라는 영국인이 발행하고 있었기 때문에 일제 통감부의 보안 규칙이나 신문지법에 간섭을 받지 않았어요. 신채호 선생은 이곳에서 자유롭게 일제의 침략과 친일파의 행위를 강하게 비판하며 나라를 되찾기 위해서는 온 국민이 나서야 한다는 글을 썼어요. 또한 언론인으로서뿐만 아니라 여러 활동에도 직접 참가했는데요, 안창호 선생과 함께 비밀결사조직인 신민회 창립위원으로 참가하였고 같은 해 전국적으로 일어난 국채보상운동에도 적극 참여했어요. 그러다 신채호 선생은 1910년 조국을 떠나 중국으로 망명했어요.

"왜, 신채호 선생 소개해 줄까?"

박자혜 선생은 독립군 이회영 선생 부인인 이은숙 소개로 신채호 선생을 만나게 되었어요.

조선 최고 명문가의 자손이었던 이회영 선생은 일제가 조선을 침략하자 6형제를 포함한 가족 60여 명과 함께 중국으로 망명을 했어요. 재산을 다 처분해 요즘 돈으로 환산하면 수백억 원을 마련해 만주로 가 신흥무관학교를 설립하여 3,500명이 넘는 항일 독립운동가를 키워 낸 분이에요. 아마도 박자혜 선생의 대학 학비도 이분들이 도움을 주셨을 것으로 짐작돼요.

이은숙 선생의 말에 박자혜 선생은 좋다고 했어요. 신채호 선생은 독립운동을 하는 사람들은 누구나 아는 유명인이었거든요.

"역사를 잊은 민족에게 미래는 없다."
"역사는 아와 비아의 투쟁이다."
 단재 신채호 선생은 나라를 잃은 치욕을 딛고 역사 속 우리 민족의 우수성을 일깨우고자 이렇게 외쳤어요.
 일본 제국주의자들은 조선을 침략하면서 우리의 민족성도 함께 짓밟았어요. 우리 민족은 일본 민족에 비해 뒤떨어진 민족이라는 역사 왜곡을 일삼았지요. 그래야 자신들의 침략 행위가 조금이라도 정당화될 수 있을 테니까요. 지금도 일본이 우리나라의 근대화를 이루어 주었다고 주장하는 얼빠진 역사학자들이 있는 것을 보면 일제강점기에는 어땠을지 짐작이 가지요?
 일제에 빌붙어 식민사관을 외치는 학자들이 늘어났어요. 이에 맞서 신채호 선생은 역사를 철저히 고증해서 우리 민족의 자주성과 우수성을 증명하는 날카로운 글로 일제에 맞섰어요.

자신보다 무려 15살이나 많았지만 박자혜 선생은 신채호 선생의 흐트러짐 없는 모습에 감동을 받았어요. 선생의 강연은 빼놓지 않고 들으러 다녔어요. 신채호 선생도 박자혜 선생의 총명함과 당찬 눈빛에 마음을 빼앗겼어요.

무엇이든 잡아 삼킬 듯이 검푸르던 북경의 하늘빛도 나날이 엷어져 가고 황토색 강물도 콸콸 넘치게 흐르고, 만화방초가 음산한 북국의 산과 들을 장식해 주는 봄, 사월의 어느 날이었다고, 박자혜 선생은 훗날 잡지에 두 분이 만났던 때를 시처럼 묘사했어요.

"선생님, 저와 결혼해요."

박자혜 선생의 청혼에 신채호 선생은 놀라서 머리를 저었어요. 박자혜 선생은 24살의 젊은 의학도였고 신채호 선생은 돈벌이도 못 하고 일본군에 쫓기는 39살의 독립군이었어요. 한평생 일본에 고개 숙이지 않겠다며 허리를 꼿꼿이 편 채 세수를 했다는 유명한 일화가 있을 정도로 깐깐

한 분이기도 했지요. 학문과 독립 이외에는 관심이 없기로 유명했던 신채호 선생도 박자혜 선생을 만나자마자 자기도 모르게 마음을 빼앗겼어요. 서로 너무 다른 처지였지만 조선독립을 열망하는 마음만은 똑같았고 마음이 끌리는 것도 똑같았어요.

하지만 신채호 선생은 박자혜 선생의 청혼을 받아들일 수 없었어요.

"나는 가진 것도 없고, 나이도 많고, 건강하지도 않은 사람이오. 아들이 하나 있었는데 병으로 잃었소. 다시는 결혼하지 않을 것이오. 나는 조국 독립을 위해 남은 일생을 바칠 것입니다."

신채호 선생은 아들을 잃은 뒤 부인과도 헤어진 처지였어요.

"우리가 결혼하면 아이들이 생길텐데 어떻게 키울 거요? 조국도 없이 떠돌아다니는 처지에 어디에서 아이들을 키운단 말이오?"

신채호 선생은 계속 거절했지만 박자혜 선생의 결심은

흔들리지 않았어요.

"선생님, 제가 만세운동을 하는 바람에 저희 집은 풍비박산이 났습니다. 그렇지만 저는 조국을 위한 저희 선택이 잘못이라고 생각하지 않습니다. 결혼도 마찬가지이지요. 어려울수록 더 결혼을 해서 아이들을 낳아야 합니다. 조선이 독립이 된들 그 세상을 살아갈 아이들이 없다면 무슨 소용이겠어요? 우리가 지금 무엇을 위해 목숨을 내놓고 독립운동을 한단 말입니까? 우리는 굶주리고 고통받다 죽는다 해도 우리의 아이들이 대를 이어 살아갈 것을 믿기에 싸우는 것이 아닙니까? 다른 사람들도 어렵지만 모두들 아이를 낳고 힘겹게 키우며 살아갑니다. 우리 역시 힘든 처지라도 아이를 낳아 역경을 헤쳐가며 키워야 하지 않겠습니까?"

신채호 선생은 박자혜 선생의 말에 고개를 끄덕이며 웃었어요. 자신을 선택해 준 박자혜 선생이 한없이 고마웠지요.

"결혼해도 나는 가정을 살뜰히 보살피지 못할 형편이오.

박자혜 선생과 신채호 선생의 결혼기념 사진

당신도 그리 알고 섭섭해하지 마시오."

박자혜 선생은 신채호 선생이 자신의 남편 이전에 나라의 독립을 위해 싸우는 위대한 사람이라고 받아들였기 때문에 결혼 전부터 각오를 단단히 하고 있었어요.

두 사람은 1920년에 결혼했어요. 북경 금십방가 북성 초두호동의 셋방에서 신혼살림을 시작했어요. 박자혜 선생은 이후 평생을 신채호 선생을 대신해 아이들의 양육과 생계를 책임졌고, 극심한 가난 속에서도 신채호 선생의 독립운동을 한결같이 든든하게 지원했어요. 신채호 선생 역시 박자혜 선생을 굳건하게 믿고 의지했어요. 조국과 민족, 역사에 대한 깊은 믿음으로 두 사람은 서로를 사랑했어요. 가난했지만 행복한 신혼시절이었어요.

하지만 아들 수범이 태어나자 생각했던 것보다 훨씬 더 생활이 힘들어졌어요. 어른은 한두 끼 굶어도 견딜 수 있지만 갓난아기는 그럴 수 없었어요. 두 사람은 결혼 2년 만에 경제적 궁핍과 정치적 상황으로 그만 헤어질 수밖에 없게 되었어요.

"부인, 당신과 수범이는 조선으로 들어가시오. 수범이는 조국에서 크는 것이 좋겠습니다. 조선의 풍습을 배워야 하지 않겠소? 여기 상황이 여의치 않기도 하고."

"알겠어요. 경성에 가서 산파소를 열어 돈을 벌면 당신 보고 싶은 책도 사서 보낼게요. 우리는 염려 마세요."

신채호 선생은 머리를 깎고 북경의 관음사라는 절에 몸을 의탁했고 박자혜 여사는 두 살인 큰아들 수범을 데리고 둘째를 임신한 채 경성으로 돌아왔어요.

'산파 박자혜'를 운영하다

　서울로 돌아와 1922년 12월 18일 면허를 받은 박자혜 선생은 인사동에 '산파 박자혜'라는 간판을 걸고 산파소를 운영했어요. 차츰 소문이 나서 손님이 들기 시작할 때였어요. 그때부터 일본 경찰이 매일매일 박자혜 선생의 산파소에 들러 협박을 했어요. 물건을 부수기도 하고 박자혜 선생을 폭행하기도 했어요.
　"신채호가 무슨 연락을 해왔나? 엉?"
　하지만 워낙 활달하고 대범한 성격이었던 박자혜 선생은 일본 경찰을 무시한 채 아무렇지 않게 자기 할 일을 했어요. 자신이 겁에 질리면 산모들은 더 무서워할 테니까요.

　그러던 어느 날이었어요. 누군가 뛰어들어와 말했어요.
　"선생님, 큰일났어요. 며칠 전에 아이를 낳은 저 위 기와집에 일본 순사들이 들이닥쳐 아이 아버지를 끌고 갔대요."

박자혜 산파소와 박자혜 선생의 사진

　박자혜 선생은 간담이 서늘했어요. 나쁜 징조라는 생각이 들었어요.
　"무슨 일 때문에 그랬대요?"
　"모르겠대요. 그 집은 쌀가게를 하는데 정말 아무 일도 없었대요. 그런데도 아이 아버지를 풀어 주지 않는대요."

박자혜 선생은 혹시 자신의 산파소에서 아이를 낳았기 때문에 일본 경찰이 보복을 하는가 싶어 걱정이 되었어요. 처음에는 설마 그렇게까지야 할까 싶었지만 차츰 한두 집 그런 일이 겹치자 소문이 나기 시작했어요.

"박자혜 산파소에서 애를 낳은 집은 일본 순사가 집안을 박살낸대."
"거기가 잘 하는데. 그래도 무서워서 어디 가겠나."

산파소에는 손님보다 일본 경찰이 더 자주 찾아왔어요. 그러지 않아도 여자 혼자 아이를 키우는 일이 만만치 않은데 신채호의 아내라는 이유로 일제의 감시와 폭력이 극심했으니 오죽했겠어요.

일본 경찰이 무서워 박자혜 산파소를 찾아오는 사람이라고는 난산으로 산모와 아이의 목숨이 위험한 이들 몇 명뿐이었어요. 그러니 먹을 것도 없어 하루에 한 끼 먹기도 힘들었어요. 방에 불도 넣지 못해 냉방에서 서로 껴안고

신채호 부인 방문기. '삼순구식(三旬九食, 한 달에 아홉 끼니밖에 먹지 못한다는 뜻)으로 세 모자가 겨우 연명한다'는 내용이 실렸다.(동아일보 1928년 12월 12일)

잠들기 일쑤였어요.

그러던 중 둘째인 딸 수정이가 태어난 지 얼마 되지도 않은 1923년 영양실조로 죽었어요.

"미안하다, 수정아. 엄마가 미안해. 부디 이 엄마를 용서해라."

한 번도 약한 모습을 보이지 않던 박자혜 선생도 어린 자식의 죽음 앞에서는 몸도 마음도 무너졌어요. 부모가 죽으면 산에 묻고, 자식이 죽으면 가슴에 묻는다는 말이 있어요. 자식 잃은 슬픔이 얼마나 큰지 겪어보지 못한 사람은 짐작도 할 수 없지요.

하지만 언제까지 절망하고 있을 수만은 없었어요. 다시 힘을 내 산파소 일을 했지만 일제의 감시는 점점 더 심해지고 그럴수록 손님은 더 없어졌어요.

1923년 신채호 선생은 조선의열단에 가담했어요. 조선의열단이란 1919년 중국과 만주에 있던 한국인 민족주의자들이 만든 단체로 항일무장투쟁을 벌여 일제의 간담을 서늘케 했던 단체예요. 신채호 선생은 공개적으로 이 단체에 들어가며 조선혁명선언이라는 글을 발표했지요.

"일본으로부터 조선이 독립하기 위해서는 무장 투쟁을 해야한다."

신채호 선생이 이렇게 선언하자 일본 경찰은 박자혜 선생 가족에 대한 감시를 더욱 심하게 했어요.

1926년 어느 날 밤. 누군가 인사동 박자혜 산파소를 찾아왔어요.

"나석주라고 합니다. 여기가 박자혜 선생 산파소 맞나요?"

나석주 선생은 모종의 계획을 위해 경성에 왔던 거예요.

"맞는데, 누구신가요?"

그러자 청년은 품에서 편지 한 통을 꺼내 주었어요. 신채호 선생의 편지였어요.

"일제의 침략을 세계 만방에 알리기 위해 파견한 분이니 도와주도록 하시오."

김창숙 선생과 신채호 선생이 계획을 짜서 보낸 사람이었어요.

"잘 오셨어요. 제가 길 안내를 맡을게요."

박자혜 선생은 목숨을 걸고 길 안내와 잠잘 곳을 제공했어요.

나석주 선생은 황해도 재령 출신으로 23세에 만주로 건너가 북간도의 독립군 양성학교인 무관학교에 입학하여 군사 훈련을 받았어요. 1919년 국내에 들어와 3·1운동에 참여하였다가 일본 경찰에 붙잡힌 적도 있어요. 1923년 정식 군사 교육을 받기 위해 중국 육군 군관단 강습소에 들어가 사관 훈련을 받고 중국군 장교로 복무하다가 1925년 상해로 돌아와 임시정부에서 활동했어요.

"부디 몸조심하세요."

"너무 걱정 마십시오."

박자혜 선생과 나석주 선생은 이렇게 인사를 나누었지만 두 사람 모두 이것이 마지막이라는 것을 알고 있었어요. 서로의 슬픈 얼굴을 보이기 싫어 두 사람은 씩씩한 척

환하게 웃으며 작별했어요.

　나석주 선생은 일본제국주의의 조선 침략의 상징인 조선식산은행과 동양척식주식회사에 폭탄을 던졌어요.
　"대한독립 만세!"
　"나는 조선의열단원 나석주다."
　경찰의 추격을 받자 나석주 선생은 권총으로 스스로 목숨을 끊었어요. 나중에 그 소식을 듣고 박자혜 선생은 몹시 마음이 아팠어요.
　나석주 선생 외에도 임시정부에서 파견한 독립군들이 경성에 들어올 때마다 박자혜 선생은 잘 곳과 음식을 마련해 주었어요. 신채호 선생과 꾸준히 편지를 주고받으며 국내외 독립운동가들의 연락을 담당했고 독립투사들을 숨겨 주기도 했어요.

가족이 함께 한 짧은 한 달

1928년 1월, 북경에서 산파소로 전보가 왔어요.

신채호 실명 위기

 박자혜 선생은 아들 수범을 데리고 급히 북경으로 갔어요. 신채호 선생은 어찌나 말랐는지 뼈밖에 남아있지 않았어요. 박자혜 선생과 수범이도 마찬가지였지만 신채호 선생은 눈이 보이지 않아 자세히 볼 수 없었어요. 시력이 점점 떨어진 것도 영양실조 때문이라는 것을 박자혜 선생은 한눈에 알 수 있었어요. 하지만 산파소도 운영이 안 돼 간신히 차비만 마련해 찾아온 박자혜 선생은 어찌할 바를 몰라 당황했어요.
 곧 정신을 차린 박자혜 선생은 아들 수범과 함께 신채호 선생을 데리고 무작정 밖으로 나왔어요. 근처의 성야병원을 본 박자혜 선생은 얼른 그곳으로 들어갔어요.

"나는 산파입니다. 연경대학 의예과를 다녔소. 당장 돈이 없어서 그러니 남편을 먼저 입원시켜 주세요. 그럼 내가 여기서 산파 일을 돕겠소."

마침 그 병원에는 아이가 순조롭게 나오지 않아 죽을 지경에 처한 산모 두 명이 있었지만 의사는 한 명 뿐이라 위험한 상황이었어요.

"좋소. 얼른 이 중 한 명을 맡아 주시오. 그러잖아도 인력이 없어서 난감하던 참이오."

박자혜 선생은 그중 한 산모에게 달려갔어요. 오랜 시간 산고에 시달린 여성은 기진맥진해서 정신을 잃을 지경이었어요.

"자, 아이는 나올 준비가 다 되었어요. 다만 처음이라 어떻게 나오는지 몰라서 길을 헤매는가 보네요. 아이가 잘 나오도록 엄마가 힘을 줘 보세요."

먼저 쾌활하게 농담처럼 말하며 산모를 안심시킨 박자혜 선생은 온갖 기술을 동원해 아이를 무사히 낳을 수 있도록 도왔어요.

"으앙."

이윽고 아이의 우렁찬 울음소리가 들렸어요.

"예쁘고 건강한 딸입니다. 축하합니다. 이제 산모도 금방 건강해질 거예요."

산모는 눈물을 흘렸어요.

"고맙습니다, 선생님. 우리 두 사람의 목숨을 살리셨어요. 아니, 우리 두 집안 여러 명의 목숨을 살리셨어요. 이 은혜 평생토록 잊지 않을게요."

잠시 뒤 성애병원 의사가 담당했던 산모도 무사히 아이를 낳았어요.

"아, 정말 다행입니다. 마침 선생님이 오셔서 산모 두 분 모두 무사했어요. 허둥지둥하다 두 분 모두 불행한 일을 겪을 수도 있었어요. 선생은 구세주십니다."

병원 측에서는 신채호 선생을 치료해 주고 쌀 두 말도 줬어요.

쌀을 가지고 집으로 돌아온 박자혜 선생은 밥을 지어

세 식구가 오순도순 먹었어요. 신채호 선생과 박자혜 선생의 일생 중 이때 함께 보낸 한 달이 가장 행복한 시절이었어요.

"수범아, 이리 아버지한테 오너라."

신채호 선생은 수범을 늘 무릎에 앉혔어요.

"에구, 다 큰 아이를. 몸도 성치 않으시면서."

박자혜 선생이 질색을 해도 신채호 선생은 고개를 저었어요. 수범의 머리를 쓰다듬으며 사랑스러워 어쩔 줄을 모르고 얼굴을 들여다봤어요.

"수정이가 그렇게 됐다는 말을 듣고도 아비라는 사람이 가 보지도 못했소. 당신이 정말 고생 많았겠구려. 면목이 없소."

두 사람은 일찍 죽은 딸을 생각하며 눈물을 흘렸어요.

"이 아이는 무엇이라도 다 해 주고 싶소. 맛있는 것도 마음껏 사 주고 따뜻한 옷도 많이 사 주고 동냥을 해서라도 외국 유학까지 시켜 주고 싶소. 내 모든 것을 다 주고 싶소."

나라를 빼앗겼어도 어쩔 수 없는 일이라고 눈 감고 살았다면 두 분은 자식에게 충분히 그렇게 해 주고도 남을 만한 위치에 있었던 분들이에요. 나라를 찾기 위해서는 어떤 고통도 참겠다고 다짐했지만, 어

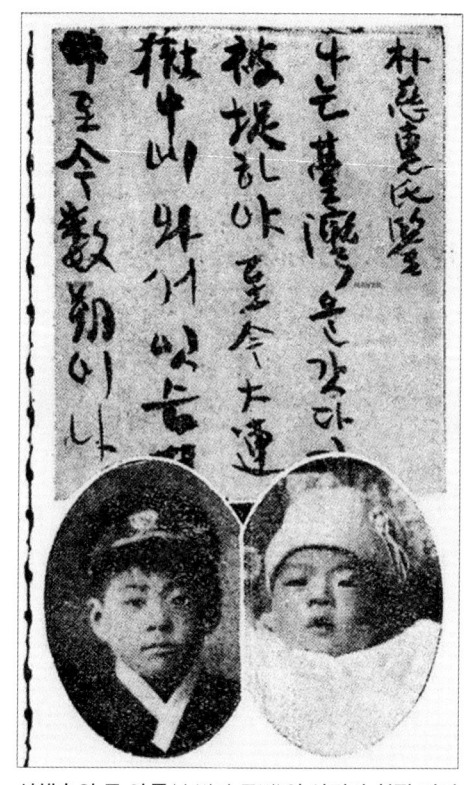

신채호의 두 아들(수범과 두범)의 사진과 친필 편지
(동아일보 1928년 12월 13일)

린 자식이 굶주리고 헐벗고 있는 것을 볼 때 두 분의 가슴은 얼마나 찢어졌을까요?

꿈결 같은 한 달이 지났어요. 가족을 만나 마음이 편안해진 신채호 선생은 박자혜 선생이 극진하게 간호한 덕에

겨우 기력을 되찾았어요.

박자혜 선생과 수범은 다시 경성으로 돌아올 수밖에 없었어요. 수범이 학교를 계속 빠질 수도 없고, 박자혜 선생의 산파소도 임시로 문을 닫고 왔기 때문이었어요.

"수범아, 곧 다시 만나자."

신채호 선생은 아들에게 담담하게 말했지만 수범은 눈물을 참을 수 없었어요. 하지만 그날이 마지막이란 생각은 꿈에도 하지 못했어요.

"아버지, 건강하세요. 다음에 곧 만나요."

눈물을 펑펑 흘리며 수범은 아버지 얼굴을 몇 번이고 돌아봤어요.

경성으로 돌아온 박자혜 선생은 북경에서 한 달간 살 때 아이가 생긴 것을 알게 되었어요. 그해 4월 신채호 선생이 대만 기룽항으로 가던 배에서 일본 경찰에 체포돼 여순 감옥에 갇혔다는 연락을 받았어요. 형편이 어려워 감옥에 갇혔다는 말을 듣고도 찾아가지 못했어요.

일본 경찰의 감시는 더 심해졌고 학교에 들어간 첫째 아들 수범이를 감시하는 하야시라는 담당 순사가 있을 정도였어요. 학교 가는 길이나 돌아오는 길에 하야시가 불러 세워 수범의 가방을 뒤지기 일쑤였어요. 몇 끼를 굶어 허기진 어린 수범에게 과자로 꾀며 혹시 누가 연락을 해 온 적이 있는지 캐묻기도 했어요. 형편이 어찌나 어려운지 아궁이에 불도 못 때고 밥도 굶기 일쑤였지만 박자혜 선생은 홀로 아들 수범을 한성상고까지 졸업시켰어요.

일본 경찰의 감시와 폭력은 수그러들지 않아 박자혜 선생은 종로경찰서에 연행되는 일이 허다했어요. 학교를 마치고 집에 온 수범은 어머니가 없으면 으레 종로경찰서로 찾으러 가기도 했어요. 경찰서에 가서 유리문으로 안을 들여다보면 어머니 얼굴은 늘 일본 경찰에 맞아 통통 부어있었어요. 수범이 어머니 모습을 보고 눈물 흘리면 박자혜 선생은 호통을 쳤어요.

"일본 놈들 앞에서 눈물 보이지 마라."

아무리 굶어도 박자혜 선생은 배고프다는 말을 안 할

정도로 자존심이 강했어요. 일본 경찰 앞에서 단 한 번도 무너지는 모습을 보이지 않았어요.

"누빈 솜 옷 한 벌 보내 주시오."

추운 감옥에 갇힌 신채호 선생은 산파소의 형편이 얼마나 나쁜지 모르고 편지로 이렇게 부탁했어요. 감옥 안에서 보고 싶은 책의 제목도 보냈어요. 박자혜 선생은 솜과 옷감을 살 돈이 없어 애간장을 태웠어요. 좁은 방 한 칸 월세도 못 낸 채 야위어가는 아이들을 바라보며 남몰래 눈물을 훔치기 일쑤였어요. 이런 상황에서조차 물심양면 신채호 선생의 뒷바라지에 힘썼어요.

신채호 선생이 집필하는데 필요한 책을 요청해 오면 어떤 수를 써서라도 구해 보내려 애썼고 어려운 살림에 끼니를 굶는 한이 있더라도 활동비를 댔어요. 남편에게 보내는 돈 이전에 조국의 독립에 필요한 돈이었으니까요.

민족 지도자라고 자처했던 많은 사람들도 일제강점기가

길어지면서 차츰 일제에 협조하기 시작했어요. 청년들에게 일본이 일으킨 전쟁에 자랑스럽게 참전하자는 강연을 하고 다니기도 했어요. 이광수, 김성수, 김활란, 박인덕, 최남선 등 믿었던 사람들의 변절은 더욱 뼈아팠지요.

"지금은 우리 1,500만 여성이 당당한 황국 여성으로서 천왕 폐하께 충성을 다할 천재일우의 기회입니다."

"우리는 원래 나태하고 썩어빠진 정신상태를 가진 민족입니다. 일본 천왕의 자랑스런 백성이 되기 위해서는 뼈를 깎는 각오로 민족성을 개조해야 합니다."

전국을 돌아다니며 이런 넋빠진 강연을 하고 신문에 글을 싣고 심지어 책으로 남기기도 했어요. 특히 청소년들에게 미치는 악영향은 상당했어요.

이런 사람들은 해방이 된 뒤에는 자신은 우리 국민이 더 이상 희생되는 것을 막기 위해 어쩔 수 없이 이런 친일 행위를 한 것이라는 얼토당토않은 변명을 일삼았지요. 이런 이들은 훗날 독립이 된 나라에서 대학의 총장이 되기도 하고, 여성 지도자로 자처하기도 하며 자신의 친일 행위는

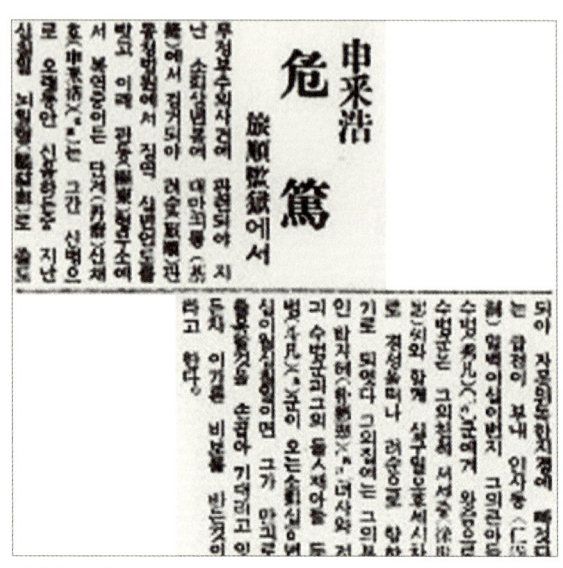

신채호 선생이 위독하다고 전하는 신문 기사 (조선일보 1936년 2월 20일)

숨기고 애국자라고 속였어요.

여순 감옥에서 유골함을 안고 돌아오다

이들과 달리 평생 조국을 위해 가난한 삶을 연명했던 박자혜 선생님은 무척 고되고 힘겨웠어요.

1936년 2월 18일. 수범과 두범 형제를 학교에 보낸 박자혜 선생은 전보 한 장을 받았어요. 전보를 보는 순간 박자혜 선생은 가슴이 쿵 내려앉았어요. 분명 남편 신채호 선생에게 나쁜 일이 생겼을 거라는 불길한 예감이 들었어요. 다른 일로 전보를 보낼 만한 사람이 없었거든요. 아니나 다를까 신채호 선생이 8년째 수감되어 있는 여순 감옥에서 온 전보였어요.

신채호 뇌일혈, 의식 불명 생명 위독

박자혜 선생은 불길한 생각이 들어 산파소 문을 닫고 두 아들을 데리고 바로 여순으로 갔어요.

2월 19일 오후 3시가 넘어 여순 감옥에 도착한 가족은 바로 감옥으로 가서 신채호 선생을 면회했어요.

"여보."

"아버지."

그토록 그리던 가족이 아무리 불러도 신채호 선생은 차가운 시멘트 바닥에 누워 꼼짝도 하지 못했어요. 이미 온몸이 푸르뎅뎅하게 변해 있었어요. 신채호 선생은 눈도 뜨지 못하고 신음도 내지 못하고 사경을 헤매고 있었어요. 의학 공부를 한 박자혜 선생은 단번에 남편의 상태를 알아봤어요.

'오늘 밤을 넘기기도 힘겹겠구나.'

박자혜 선생은 간수에게 부탁했어요.

"오늘 하루만 아이들과 함께 남편 곁에 있으면 안 됩니까?"

간수는 절대 안 된다고 면회시간 15분이 다 됐으니 당장 나가라고 했어요.

"그럼 조금만 더. 15분만 더 있다 갈게요."

하지만 간수는 박자혜 선생과 두 아들을 모질게 떠밀었어요. 수범이와 두범이는 아버지를 부르며 울었어요. 둘째 아들 두범은 태어나서 아버지를 처음 본 거였어요. 두범은 아직 어려 잘 몰랐지만 수범은 이제 영영 아버지를 볼 수 없을 거라는 사실을 어렴풋이 깨달았어요.

간수에게 쫓겨 밖으로 나온 박자혜 선생은 어린아이들 때문에 근처 여관을 잡고 자러 들어갔어요. 이 밤이 신채호 선생에게는 이승에서의 마지막 밤이 될지도 모른다고 생각하니 박자혜 선생은 잠을 이룰 수 없었어요.

"여보, 뜻을 못 이루고는 결코 조국으로 돌아가지 않겠다고 하지 않으셨어요? 어서 정신을 차리세요."

밤새 뜬 눈으로 지샌 박자혜 선생은 다음 날 9시에 다시 감옥으로 갔어요. 하지만 간수들은 전날도 면회를 했으니 또 면회를 할 수 없다며 막았어요. 어린 아들들이 아버지의 마지막을 지킬 수 있는 기회마저 일본 간수들은 매정하게 빼앗아버린 거예요.

단재 신채호 선생은 결국 1936년 2월 21일 오후 4시 20분 끝내 의식을 회복하지 못하고 옥중에서 돌아가셨어요.

간신히 연락을 받은 몇몇 독립운동가들의 도움으로 신채호 선생을 화장한 박자혜 선생은 유골함을 안고 귀국했어요.

여보, 당신이 남겨 놓고 가신 비참한 잔뼈 몇 개 집어넣은 궤짝을 부둥켜안고 마음 둘 곳 없나이다. 작은 궤짝은 무서움도 괴로움도 모르고 싸늘한 채로 침묵을 지키고 있습니다. 당신의 원통한 고혼은 지금 이국의 광야에서 무엇을 부르짖으며 헤매나이까? 불쌍한 당신의 혼이나마 부처님 품속에 편안히 쉴 수 있도록, 이 밤이 밝아오면 아이들을 데리고 동대문 밖 지장암에 가서 정성껏 기도하겠습니다

당시 신채호 선생의 죽음을 맞아 비통한 심정을 쓴 박자혜 선생의 '곡하는 마음으로'라는 제목의 글이 《조광》이라는 잡지에 실렸어요.

신채호 선생은 오래 전부터 국적과 호적이 모두 상실된 상태였어요. 1912년 일제는 조선민사령이라는 법을 만들어 조선인의 호적을 완전히 장악했어요. 자신들이 식민지 통치를 쉽게 하기 위해서였지요. 그런 뒤 조선인의 이름을 일본 이름으로 바꾸는 창씨개명을 하라고 강요하게 되지

신채호 선생의 유골함을 안고 있는 박자혜 여사(동아일보 1936년 2월 25일)

요.

단재 신채호 선생은 1910년에 이미 중국 청도를 거쳐 러시아 블라디보스토크로 망명했기 때문에 호적도 없고 나라도 없는 무국적자가 된 거예요. 이후 조선에 들어왔을 때 호적을 정리할 수 있었지만 신채호 선생은 일제의 호적령에 따를 수 없다고 단호히 거부하셨어요.

신채호 선생의 유골함을 든 박자혜 선생은 두 아들과 함께 충북 청주 고향 선산으로 갔어요. 신채호 선생과 친척이자 신채호 선생의 할아버지가 가르치던 서당에서 함께 공부한 독립운동가 신백우 선생이 박자혜 선생과 두 아들을 눈물로 맞이했어요. 그러나 일제는 신채호 선생을 땅에 묻는 것도 허락하지 않았어요.

"신채호는 무국적자이기 때문에 땅에 매장할 수 없다."

유골을 아무 곳에나 뿌리라는 것이지요.

"절대 그렇게는 할 수 없다. 사사롭게는 나의 친척이지만 더 크게는 우리 민족의 위대한 지도자다."

신백우 선생은 친척인 면장을 설득해 일제의 명령을 무시하고 땅에 매장하고 장례를 치렀어요. 일제는 그 일을 빌미로 면장을 쫓아냈어요.

몇 달 뒤. 독립운동가 만해 한용운 선생과 우리나라 최초의 기자인 오세창 선생이 신백우 선생을 찾아왔어요. 한용운 선생이 손수 돌을 깎아 비석을 만들고 오세창 선생이 글자를 새긴 표석을 가

'단재 신채호 지묘' 표석

져왔어요.

"봉분도 없이 평장을 했다는 말을 듣고 마음이 몹시 아 팠소. 설마 일본놈들이 이 돌까지 파 가지는 않겠지."

단재 신채호 지묘

세 사람은 무덤 앞에 표석을 세우며 다시 한번 신채호 선생을 생각하며 어떠한 일이 있어도 독립해야 한다고 결의를 다졌어요. 이후 이 표석은 충북지정기념물로 지정되었어요.

어떤 어려움이 닥쳐도 후회하지 않는 삶

신채호 선생이 돌아가신 뒤 박자혜 선생이 어떻게 살았는지는 자세히 알려져 있지 않아요. 큰아들 수범이 아버지의 발자취를 찾아 북만주의 마전으로 떠난 뒤 둘째 아들 두범이 1942년 14살의 나이로 영양실조와 폐병으로 숨을 거두었어요.

"수범아, 두범아."

박자혜 선생은 삶의 기둥이 무너진 듯 주저앉기 시작했어요. 언제나 씩씩하고 아무리 어려워도 남들에게 힘을 북돋워 주던 박자혜 선생은 두 아들을 떠나보낸 1년 뒤 공평동 56번지 좁은 단칸방에서 지켜보는 이도 없이 홀로 숨을 거뒀어요. 독립을 불과 2년도 안 남긴 1943년 10월이었어요.

박자혜 선생의 유해는 아들 수범의 친한 친구 이순구와 이웃 사람들이 화장하여 마포 강가에 뿌렸어요. 박자혜 선생이 어떤 분인지 잘 알고 있던 주변 사람들은 모두 안타까워 눈물을 흘렸지요.

"이제 그만 편히 쉬세요."

박자혜 산파 터

신채호 선생과 박자혜 선생 동상과 합장묘(단재신채호기념관, 청주)

모두 깊이 고개 숙여 박자혜 선생 영전에 인사 올렸습니다.

지금 현재 박자혜 선생은 남편 신채호와 함께 충북 청원군 사당에 모셔져 있어요.

친일파들이 기름진 음식을 먹으며 멋들어진 문화생활을 즐기고 떵떵거리며 자식들을 유학시키는 동안 박자혜 선생은 평생을 지독한 생활고에 시달렸습니다. 그러면서도 결단코 자신의 선택을 후회하지 않았어요.

민족의 고통을 외면했다면 박자혜 선생은 분명 편안하

박자혜 선생 동상(충북 여성독립운동가 전시실)

고 윤택한 삶을 살았을 거예요. 당시 흔치 않은 신여성이었고 전문직 직업인이었으니까요. 박자혜 선생은 그런 보장된 미래를 버리고 오로지 조국 독립을 위해 한평생을 바치셨어요. 그리고도 오랫동안 단재 신채호 선생의 부인으로만 기억되었어요. 박자혜 선생이야말로 우리 후손 모두가 영원히 잊지 않고 기억해야 할 위대한 독립군입니다.

신채호 선생은 1962년 대한민국 정부로부터 건국훈장 복장을 받았어요. 박자혜 선생은 1977년 대통령 표창을 받았고, 1990년이 되어서야 비로소 독립운동을 인정받아

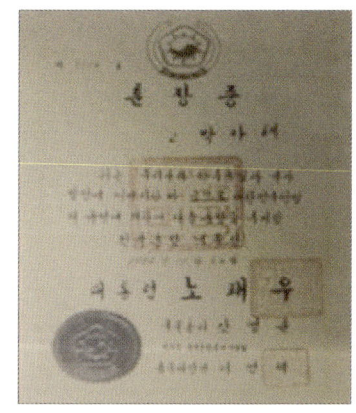
박자혜 선생 건국훈장 애족장

건국훈장 애족장을 받았어요. 국가보훈처는 2009년 7월 '이 달의 독립운동가'로 박자혜 선생을 선정했고 대한간호협회는 같은 달 추모행사를 열었어요.

"우리 조선 여성은

지금까지와는 달라져야 합니다.

세상을 바꿔야

여성이 주체적으로 살 수 있습니다.

그러기 위해서는 여자도 배워야 합니다."

정종명
간호사

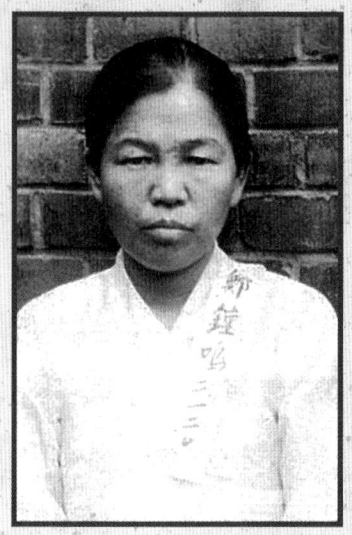

여성이 깨어 일어나야 조선의 독립도 이룰 수 있다

1924년 2월 27일 황해도 옹진군 천도교 강당.

초저녁부터 사람들이 모여들기 시작했어요. 먼 마을에 사는 사람들도 소식을 듣고 서너 명씩 짝을 이뤄 걸어 걸어 찾아왔어요. 강아영(23세), 주영애(18세), 정종명(30세) 세 명의 연사는 긴장한 채 강연을 준비하고 있었어요.

7시 정각.

어림잡아 오백 명이 넘는 사람들이 모인 강당. 아직 쌀쌀한 계절인데도 따뜻한 봄날처럼 열기가 감돌았어요. 예상보다 많은 사람들이 모여들어 장소가 비좁았지만 서로 조금씩 양보해 끼여 앉았어요. 그러고도 강당 안에 못 들어온 사람들은 돌아가지 않고 건물 밖 여기저기에 모여 서 있었어요. 밖에서라도 정종명 선생의 연설을 듣고 싶었거든요.

"오늘 강연을 시작하겠습니다."

사회를 맡은 청년회장이 우렁차게 말했어요. 제일 먼저

여학생 두 명이 나와 준비한 노래를 불렀어요. 노래가 끝나자 사람들은 크게 박수를 쳤어요. 뒤를 이어 한 남자가 나와 아코디언으로 아리랑을 연주하자 강당은 점점 더 달아올랐지요.

강아영, 주영애 강사가 차례로 준비해 온 강연을 했어요. 마지막으로 정종명 선생 차례였어요.

"자, 오래 기다리셨죠? 그럼 이제부터 그 유명한 정종명 선생의 말씀을 듣도록 하겠습니다. 강연 제목은 '현대 사조와 조선 여성'입니다. 박수로 환영해 주세요."

언제나 인기가 제일 많은 정종명 선생 강연으로 마무리 지었어요. 정종명 선생이 연단에 서자 모인 사람들은 모두 환호성을 올리며 박수를 쳤어요.

"한양에서 산파소를 하는 부인이래."

"어쩜 저리 당당할까?"

청중들은 정종명 선생의 시원시원한 모습에 푹 빠져들었어요. 정종명 선생은 빙빙 돌리지 않고 직설적으로 말하면서도 정말 재미있는 말도 많이 했어요. 사람들은 한꺼번에 빵 터지듯 웃다가 다같이 울분을 토했다가 눈물을 줄줄 흘리기도 했어요.

"가슴이 뻥 뚫리는 것 같아. 어쩜 저리 똑똑할까? 역시 사람은 늘 공부를 해야 해."

"작년에 여러 도시를 다니며 강연을 했는데 정말 대단했대. 그 소문 듣고 꼭 참석하려고 별렀는데, 강연이 중단돼서 못 듣나 걱정했지 뭐야. 이렇게 옹진에서 강연을 연다기에 열일 제쳐 놓고 달려왔지."

"나도 마찬가지야. 밤중에 돌아갈 길이 걱정돼서 동네 아주머니 세 분하고 함께 왔어."

정종명 선생의 연설을 듣는 사람들 중에서 특히 여성들은 더 큰 감동을 받았어요.

"우리 조선의 여성은 현모양처가 되는 것을 인생의 목표로 삼도록 길들여져 왔습니다. 지금 나라를 빼앗긴 상황에서 얌전히 앉아 현모양처가 되기만을 기다릴 수 있습니까? 현모양처가 된다 한들 온전한 가정을 유지할 수 있습니까?"

"없습니다."

정종명 선생이 묻자 강당 안에 있던 모든 사람들이 외쳤어요.

일본경찰들이 제지해도 강연을 계속하다

"우리 조선 여성은 지금까지와는 달라져야 합니다. 세상을 바꿔야 여성이 주체적으로 살 수 있습니다. 그러기 위해서는 여자도 배워야 합니다. 그래서 '여자고학생상조회'를 만들었습니다."

'여자고학생상조회'는 공부하려고 서울로 올라온 가난한 여학생들을 도와 학업을 계속하고 경제적 자립을 할 수 있도록 돕는 단체로 1922년에 만들어졌고 정종명 선생이 초대 회장이었어요.

"여러분, 어려운 줄 압니다만, 조금씩 도와주십시오."

방청석에서 공감하는 박수 소리가 터져 나왔어요. 강연

을 듣는 사람들은 정종명 선생의 말을 시간 가는 줄 모르고 경청했어요. 지금의 아이돌만큼 인기가 많았어요.

"기미년 만세운동을 벌일 때. 우리 조선에서 남자들만 만세를 불렀습니까?"

아니라는 외침이 들려왔어요.

"3월 1일부터 시작된 만세운동이 1년 내내 이어졌습니다. 끌려가고 맞아 죽으면서도 만세를 불렀던 사람들은 남자, 여자, 늙은이, 젊은이, 어린아이까지 누구라고 구분할 것이 아니라 그냥 조선 사람이었습니다. 제가 근무하던 세브란스병원에서도 만세운동의 물결이 거세게 불었습니다. 기미년 3월 5일 오전 남대문정거장 앞 광장에서 벌어진 만세 시위대에 세브란스병원 간호사 11명이 붕대를 갖고 참여했다가 군중 속에서 체포되었습니다. 저도 그 자리에 함께 있었습니다. 곤봉에 맞아 피흘리며 쓰러지는 사람들이 즐비한 상황에서……."

그때 청중 속에 있던 한 사람이 벌떡 일어나더니 신경질적으로 호루라기를 불었어요.

"정종명. 강연 내용과 상관없는 만세 사건에 대해 언급하지 마시오."

그는 사복을 입고 몰래 참석한 일본 경찰이었어요. 사람들은 강연을 중단한 일본 경찰에게 불만에 차 웅성거렸어요.

"뭐야, 강연 중에 왜 끼어들어?"

일본 경찰을 바라보던 정종명 선생은 독립운동이나 3·1만세운동에 대한 이야기가 아닌 다른 이야기를 하기 시작했어요. 하지만 한참 이야기를 하다보면 다시 기미년 만세운동으로 화제가 돌아왔어요.

"저는 3·1운동에 소극적으로 참여해 경찰의 심문을 받는 정도로 그쳤지만 저의 어머니 박정선은 적극적으로 만세 시위를 주도하다가 체포되어 1년의 옥고를 치렀습니다. 당시 오십을 바라보던 어머니는 기미년 11월 28일 다른 동료들과 함께 경성 안국동 광장에서 벌어진 만세시위를 주도했습니다. 저는 그런 저의 어머니가 자랑스럽습니다. 나라를 빼앗겼는데 여성이라고 앉아서 울기만 할 수는 없지 않습니까?"

"옳소."

'삐이익.'

일본 경찰이 신경질적으로 호루라기를 울리더니 그대로 자리를 차고 일어나 연단으로 달려 나왔어요.

"정종명. 독립운동을 선동하는 연설을 당장 멈춰라."

일본 경찰 두 명은 양쪽에서 정종명의 팔을 끼어 질질 끌고 내려갔어요.

"다들 해산, 해산하라."

일본 경찰이 소리쳐도 청중들은 꼼짝도 안 하고 자리에 앉아 소리를 쳤어요.

"강연을 계속하라!"

"일본 순사는 물러가라!"

청중들 응원에 힘입은 정종명 선생은 끌려가면서도 외쳤어요.

"우리 조선 여성을 해방하기 위해서는 무엇보다도 먼저 사회를 개혁하려는 사람들과 힘을 합쳐 조선 해방운동을 벌여야 합니다. 여러분, 여자도 배우고 직업을 가져야 합니다. 그래야 잘못된 억압의 사슬을 끊기 위해 싸울 수 있습니다."

정종명 선생은 계속 이렇게 목이 쉬도록 외쳤어요.

"정종명 여사를 놔둬라."

"강연을 계속하게 해라."

청중 오백여 명은 모두 일어나 고함을 치며 정종명 선생을 데려가지 못하게 길을 막아서기도 했어요.

"감히 대일본제국에 맞서는 것인가?"

일본 경찰이 긴 칼을 꺼내며 청중들을 노려보자 사람들은 울분을 터트릴 뿐 더 이상 다가가지 못하고 비켜설 수밖에 없었어요. 몇 년 전 일어난 기미독립운동 때 죽은 사람들을 많이 봤기 때문이에요.

정종명 선생은 중지 명령에 굴복하지 않고 항거하다가 경찰서에 구금되었습니다. 다시 강연을 하면 가만두지 않겠다는 협박도 받았지요.

그러나 경찰서에서 나온 정종명 선생은 다시 강연을 이

어갔어요. 3월 24일 평양에서 열린 신흥청년동맹 순회강연 때도 경찰은 시작 15분 만에 강연을 끝내 버렸어요. 9월 26일 서울에서 열린 강연회에서도 종로경찰서 고등계에 끌려가 장시간 취조를 받았고, 10월 1일 강연도 도중에 중지당했어요.

일본 경찰들은 정종명 선생의 인기가 날로 높아가자 점차 골치가 아팠어요. 어떻게 해서라도 강연을 못 하게 막으려 수단과 방법을 가리지 않았지요. 그렇지만 정종명 선생은 아무리 협박을 해도, 감옥에 가둬도, 고문을 해도 의지가 꺾이지 않았어요.

"정말 골치 아픈 악질 조선 여자야."

일본 경찰들은 머리를 절레절레 흔들었어요.

정종명 선생 일행은 1923년 여름부터 '여자고학생상조회'의 존재를 알리고 기금을 모으기 위해 여러 지방을 돌아다니며 강연을 했어요.

정종명과 강아영, 주영애 세 명으로 꾸려진 강연회 팀은

원래 1923년 7월 17일 함경도 청진을 시작으로 회령, 종성, 부령, 나남, 경성, 명천, 길주, 임명, 성진, 북청, 함흥, 원산을 거쳐 8월 10일 철원에 이르기까지 북쪽 지방 14개 도시를 아우르는 강연을 진행했어요. 청중 수는 도시마다 차이가 있었지만 기본 500~600명에서 1,000여 명에 이를 정도로 성황을 이뤄 준비한 강당을 꽉 채우고도 늘 자리가 부족했지요.

북한 지방 순회강연을 성황리에 마친 강연단은 경남 북천과 웅천 등 남쪽 지방에서 강연을 이어갔어요. 하지만 1923년 9월 말에 부득이하게 중단할 수밖에 없었어요. 1923년 9월 22일 김해 강연 때 사건이 일어났거든요. 정종명 선생이 한참 강연을 하는 도중에 종로경찰서에서 출장 나온 경찰이 강연을 중단시켰어요. 일본 경찰은 정종명 선생과 그 자리에 함께 있던 동경 명치대학교 학생 신용기를 체포했어요. 신용기는 구속되고 정종명 선생은 곧 풀려났지만 '여자고학생상조회'의 기금을 마련하기 위한 지방 강연은 몇 개월 동안 중단되고 말았어요. 그러다 해를 넘겨

1924년 2월에 정종명 선생은 황해도를 시작으로 순회강연을 다시 열었던 거예요.

우리나라 최초 간호사 파업을 일으키다

정종명 선생은 서울에서 태어났다, 경상도에서 태어났다, 목포 출신이다 여러 가지 설이 있어요. 그런데 1925년 10월 20일자 〈동아일보〉 기사에 의하면 정종명 선생은 1896년 경상북도 경주에서 태어나 어릴 때 부모를 따라 서울로 올라온 것으로 기록되어 있어요. 그래서 나중에 경상도 출신 사회운동가들과 가깝게 지내며 사회주의 사상가가 되었다고도 나와 있어요.

정종명 선생은 어려서부터 배화학당에서 서양식 근대교육을 받았어요. 하지만 아버지가 러시아로 떠난 뒤로는 어머니 혼자 경제를 책임져야 했기 때문에 무척 가난했어요. 배화학당은 어려운 아이들이 다니는 학교였는데도 정종명 선생은 결국 4년 만에 학교를 그만둘 수밖에 없었지요. 17세에 부모님이 정해 준 남자와 결혼했지만 얼마 못 가 남편이 사망했어요. 그 시절에는 남편이 죽어도 시댁에서 아이를 키우며 시부모를 모셔야 했어요. 하지만 정종명 선생은 단호히 거부하고 아들 박용제를 데리고 나와 살면서 1917년 세브란스 간호학부에 입학했어요. 여성도 경제적으로 독립해야만 하고 그러기 위해서는 그 시절 새로운 전문 직업으로 떠오른 간호사가 되어야겠다고 결심했기 때문이에요.

당시 간호사가 매우 부족하여 간호학교 학생들까지 병동에 투입됐어요. 간호학교 학생들은 고된 업무에 비해 적절한 대우를 받지 못했어요. 정종명은 이를 바로잡고자 동맹휴학을 일으켰어요. 이것이 우리나라 최초의 간호사 파업이었어요.

정종명은 1920년 여성지 《신여자》에 간호사 생활에 대해 글을 싣기도 했어요. 서양식으로 잘 갖추어진 기숙사,

식당, 병원의 환경, 동료 간의 각별한 애정과 신뢰, 그리고 미리 계획된 일정에 따라 움직이는 나날에 대하여 자랑스럽게 자세히 묘사했어요. 하지만 간호사 일 자체에 대해서는 정신적으로, 육체적으로 몹시 힘든 직업이라고 썼어요.

그러던 중 1919년 3월 만세운동이 일어나자 세브란스병원에 근무하던 많은 사람들이 참여하게 되었고, 정종명 선생도 마찬가지였어요. 보성법률상업전문학교에 다니던 강기덕이란 분이 민족대표 33인과의 연락책임을 맡아 학생들을 모으다 일제의 추적을 피하기 위해 세브란스병원에 입원했었는데, 그때 정종명 선생은 강기덕 선생이 외부와 연락할 수 있도록 도왔어요. 당시 세브란스병원 제약주임이자 민족대표 33인 가운데 한 명인 이갑성의 기밀서류를 맡았다가 경찰에 잡혀 며칠간 취조를 받기도 했지요.

만세운동 당시 정종명 선생은 며칠간 취조받는 것으로 끝났지만, 기독교 전도사였던 어머니는 만세운동을 주도한 혐의로 감옥에 갇혀 1년 옥살이를 했어요. 만세운동을 겪으면서 정종명 선생의 독립에 대한 열망과 일제에 대한

저항의식은 더욱더 커져만 갔어요.

조선의 독립과 함께 여성의 권리도 중요하다

1920년 세브란스병원 간호부양성소 10회 졸업생이 된 정종명 선생은 다른 졸업생처럼 세브란스병원이나 선교사들이 설립한 다른 병원에 취직하지 않고 산파가 되기로 결심했어요. 당시 산파는 간호사보다 돈을 많이 벌었고 병원 일정에 묶여 일해야 할 필요도 없어서 좋은 직업이었어요. 하지만 산파 면허를 따기가 아주 어려웠어요. 당시 전국적으로 조선의 면허를 가진 산파는 641명이었는데, 일본인이 대부분이었고 조선인은 불과 20여 명밖에 없던 시기였어요.

정종명 선생은 산파 면허를 따기 위해 조선총독부 의원 산파강습소에 입학했어요. 학비와 생활비는 개인병원에서 간호사로 일하면서 마련했어요. 시험이 무척 어려웠지만

세브란스병원 간호부양성소 건물

정종명 선생은 무사히 면허를 땄어요. 면허를 따자마자 지금의 안국동에 자신의 산파소를 개원했어요.

1931년부터 1935년까지 감옥에 있던 때를 제외하고 정종명 선생은 일제강점기 내내 사대문 안의 종로 근처에서 산파로 활동하였어요. 산파를 해서 얻은 수입으로 아들 박홍제를 키우고 자신이 원하는 활동을 했을 뿐 아니라 다른 독립운동가를 도울 수도 있었어요. 실제로 정종명 선생에게 도움을 받았다는 독립운동가가 아주 많았어요.

정종명 선생은 산파 일을 하는 중간중간 전국 각지로 강연을 다녔고 여자고학생상조회, 정우회, 근우회, 신간회 같은 사회단체를 세우고 이끌어 간 사회주의자였어요. 일본 경찰의 감시와 압박에 굴하지 않고 독립을 위해 모든 것을 내놓았던 신여성이었지요.

정종명은 산파로서의 경험을 살려 근우회를 이끌면서 농촌 탁아소 설치를 주장하기도 했어요. 1930년에 잡지 《삼천리》에서 펼친 산아제한, 즉 아이를 생기는대로 낳는 것이 아니라 계획하여 임신하고 낳는 것에 관한 논쟁에 참여하기도 했는데요. 논쟁에 참여한 이는 당대의 논객, 여기자 7명이었는데 모두 산아제한에 긍정적인 의견을 냈어요. 특히 정종명 선생은 산파로서의 경험에 비추어 일하는 여성들의 현실, 산모와 아이의 건강을 위해 산아제한이 필요하도록 법을 바꿔야 한다는 현실적인 해결책을 내놓기도 했어요.

정종명 선생은 조선의 독립과 함께 여성의 권리를 정말 중요하게 생각했어요. 지금은 당연히 남녀가 평등하다고 생각하지만 그때는 남성이 더 우월하다는 생각을 하는 사회였거든요. 정종명 선생은 여성이 자신의 삶을 당당하게 살아가지 못하면 여성뿐 아니라 사회 전체가 건강해질 수 없다는 것을 강연을 할 때마다 항상 강조했어요.

"여성이 깨어 일어나야 조선의 독립도 이룰 수 있다."

"여성은 남성과 똑같이 고귀하다."

"여성도 경제적으로 자립해야 하고 그러려면 배워야 한다."

정종명 선생의 연설은 점점 유명해졌어요. 매달 다른 도시로 강연을 다녔어요. 지방마다 정종명 선생이 오기를 기다리던 청중은 강연 내내 정종명 선생과 희노애락을 함께 했어요.

이런 정종명 선생이 일본 경찰에게는 눈엣가시였어요. 무슨 핑계를 대서라도 강연을 막고자 눈에 불을 켰지요. 실제로 강연 도중에 중단시킨 적이 한두 번이 아니었어요.

일제의 탄압은 강연을 막는 것뿐만이 아니었어요. 여러

잡지에 싣기 위해 보낸 정종명 선생의 글을 발표 직전에 전부 삭제하기 일쑤였어요. 하지만 그러면 그럴수록 정종명 선생의 인기는 더욱 높아갔고, 정종명 선생의 독립에 대한 의지는 더욱 굳어졌어요.

조선간호사협회 창립

1924년 1월, 정종명 선생은 조선간호사협회를 창립했어요. 조선간호사협회는 조선인 간호사들의 단체로, 회원에게 현실적인 도움을 줄 수 있도록 만든 단체예요. 간호사들에게 직장을 구해 주고 보건 교육을 열고, 물난리가 나면 다른 사회단체와 힘을 합쳐 수재민을 돕기도 했어요. 1926년 12월 세브란스병원에서 파업이 발생하자 정종명 선생은 진상을 파악하고 중재하기도 했어요.

"만약 병원 측이 중재에 응하지 않을 경우 세브란스병원 간호사의 생활을 세상에 알려 적극적으로 대항할 것이다."

이렇게 발표하며 간호사들을 응원하기도 했어요.

'여자고학생상조회' 모금을 위해 1924년 2월 18일에서 3월 24일까지 40일 동안 황해도와 평안도의 약 21개 지역에서 이어진 릴레이 강연은 대단히 성공적이었어요. 발 디딜 틈도 없을 만큼 청중이 몰려 총 1,634원 30전의 기부금이 모였다는 기록이 있어요.

"이건 내가 결혼할 때 받은 금반지예요. 하나뿐인 금반지이지만 꼭 기부하고 싶습니다. 고학생이 꼭 공부를 마치고 우리 조선을 위해서 일할 수 있는 당당한 일꾼이 되길 항상 기원할게요."

누군가 고이 간직하던 금반지를 기부했을 때, 정종명 선생은 그 분의 손을 잡고 꼭 그렇게 하겠다고 맹세했어요. 이렇게 모은 기부금은 '여자고학생상조회' 활동에 전액 사용했지요.

1924년 정종명은 사회주의 단체인 여성동우회 발기 총회에 참석해 집행위원으로 선출되기도 했어요. 그녀는 여

여자고학생상조회 기사와 정종명 사진(조선일보 1924년 12월 19일)

성동우회 활동을 방해하는 경찰에 항의하고 1926년 신년 간친회에서는 여성 활동 1년사를 보고하는 등 적극적으로 활동했어요. 또한 사회주의 사상단체인 북풍회에 참여하고 북풍회의 월간 사상잡지 《해방운동》의 기자로 활동하기도 했어요. 그 외에도 정우회, 신간회 같은 단체에서도 함께 일했어요.

독립운동가를 격려하고 지원하다

정종명 선생은 지방에서 일본 경찰에 잡힌 독립운동가들이 징역을 살기 위해 경성으로 끌려온다는 소식을 들으면 마중 나가 격려했어요. 늘 감시하는 일본 경찰의 시선을 두려워하지 않고 재판장에 방청객으로 나가기도 했고요. 서대문형무소에서 수감 생활을 하면서 면회조차 허락되지 않는 독립운동가들을 위해 추운 날씨에 아들 박홍제를 데리고 가서 감옥 창밖에서 몇 시간이고 지켜보며 노래를 불러 위로하기도 했어요. 또 감옥에 갇힌 독립운동가의 건강이 나빠졌다는 소식을 들으면 치료받을 수 있도록 중간 역할을 하기도 했어요.

독립운동가들의 장례도 앞장서서 치러 주곤 했는데요. 일본 유학생으로서 국내 강연회 도중 사망한 정우영 선생 사망 1주기 제사에 참석했고 서울 송파에서 익사한 사회주의 운동가 전일 선생의 장례를 치러 주기도 했어요. 또한 여성운동가 박원희 선생의 사회단체장에 준비위원 중 한 명으로 참가해 눈물 섞인 애도사를 낭독하기도 했어요. 그 외에도 많은 독립운동가의 장례를 앞장서서 치러 주었어요.

1930년, 정종명 선생은 잡지 《삼천리》에 '동지 채 그리그리 선생'이란 글을 실었는데요. 러시아 국적의 사회주의 운동가 채 그리그리 선생은 조선에서 활동하다가 일본 경찰에 붙잡혀 서대문형무소에 갇혔어요. 채 그리그리 선생이 도착했을 때부터 정종명 선생은 관심 있게 지켜보았어요. 알지도 못했던 채 그리그리 선생이 3년간 감옥에 갇혀 있자 여러 차례 면회를 하며 위로했어요.

결핵 말기로 병원에 입원했을 때는 자주 병문안을 하며 고통스러운 투병 과정을 지켜보았어요. 채 그리그리 선생이 숨지던 날 원하는 사이다를 사다 주는 것밖에는 해줄 게 없음을 안타까워 하다가 임종을 맞이하자 국내에 친인척이 없는 그를 위하여 앞장서서 장례를 치러주었어요.

어머니도 아들도 옥고를 치른 독립운동가 가족

1930년 정종명 선생 외아들 박홍제가 일본 경찰에 체포되었어요. '무서청년에게 고함'이라는 제목의 글을 나눠줬다가 잡힌 거예요. 정종명 선생의 집안은 어머니 박정선 여사와 정종명 선생, 그리고 아들 박홍제 3대가 함께 조국의 독립을 위해 싸웠던 것이죠.

경찰서로 아들을 찾아간 정종명 선생은 아들 앞에서 눈물을 보이는 것이 아니라 오히려 자랑스러워했어요.

"내 아들 홍제야. 나는 네가 몹시 자랑스럽다. 암, 나라를 빼앗겼는데도 제 입에 맛있는 음식 넘길 생각만 해서는 안 되지."

홍제는 어머니가 그렇게 말할 줄 짐작하고 있었기 때문에 빙그레 웃었어요. 정종명 선생도 환하게 웃으며 말을 이었어요.

"네가 나라를 빼앗긴 상황에서 글을 쓰고 노래를 만드는 것이 내심 서운했다. 물론 일제의 만행을 글로 고발하고 민중들의 심정을 음악으로 표현하여 전 세계에 알리고 길이길이 후손에게 전하는 것도 중요하지. 하지만 나는 왠지 너는 할머니와 나를 닮아 독립운동에 적극 나서서 싸우는 투사가 될 것이라고 기대했단다. 네가 자랑스럽다. 고통에 시달리는 우리나라 백성들의 삶을 잘 나타내는 글과 음악을 굳건하게 만들어라. 그래서 꼭 나라를 되찾았을 때 네 노래를 실컷 듣자꾸나."

그리고 정종명 선생은 아들에게 선언하듯 말했어요.

"나라를 빼앗긴 상황에서 나는 결코 앉아서 편안히 살다 죽지는 않을 것이다."

누구나 일부러 고통당하기를 바라는 사람은 없을 거예요. 편하고 부유하게 살 수 있는데도 가난하고 힘들게 살겠다고 선언한 정종명 선생. 몸이 아무리 기름진 음식을 먹는다 해도 나라를 빼앗긴 상황에서는 아무 맛도 느낄 수 없으니 독립을 위해 죽을 힘을 다하겠다는 비장한 각오였던 거예요.

징역 1년 6개월을 선고받은 박홍제는 감천 소년감으로

이송되었어요. 하나뿐인 아들 옥바라지도 하지 못한 채 정종명 선생은 연일 강연을 하러 돌아다녔습니다. 강연이 없는 날은 산파소에서 아이들이 태어나는 것을 돕고 돈을 벌어 독립운동에 사용하였지요.

그 이듬해인 1931년 4월, 정종명 선생 역시 조선공산당 재건사건에 연루되어 체포되었어요. 8월 15일 서대문형무소에 갇힌 정종명 선생은 1932년 10월부터 조사를 받았고 주동자로 찍혀 매번 신문 기사의 제목이나 사진을 장식했어요.

일제는 정종명 선생으로부터 전향서를 받아내기 위해 갖은 고문을 다 했어요. 이후 정종명 선생은 4년형을 구형 받았다가 6월 25일 징역 3년형을 최종적으로 언도 받았어요.

1935년 7월 26일 서대문형무소에서 출옥한 정종명 선생은 경성에서 산파 일에 전념하며 8.15 광복을 맞이했어요. 그 후 1945년 12월 서울에서 결성된 조선부녀총동맹에 들

조선공산당재건설조직위원회 사건으로 구속된 정종명(맨 위 사진)
(동아일보 1933년 4월 28일)

어가 활동하다가 북한으로 넘어가 함경남도 대표 자격으로 중앙위원에 선출되었어요. 해방 직후 북한에서 여러 단체의 간부로 활동한 기록이 있는데, 몇 년 뒤부터는 정종명 선생에 대한 기록이 제대로 전해지지 않아 알 수 없어

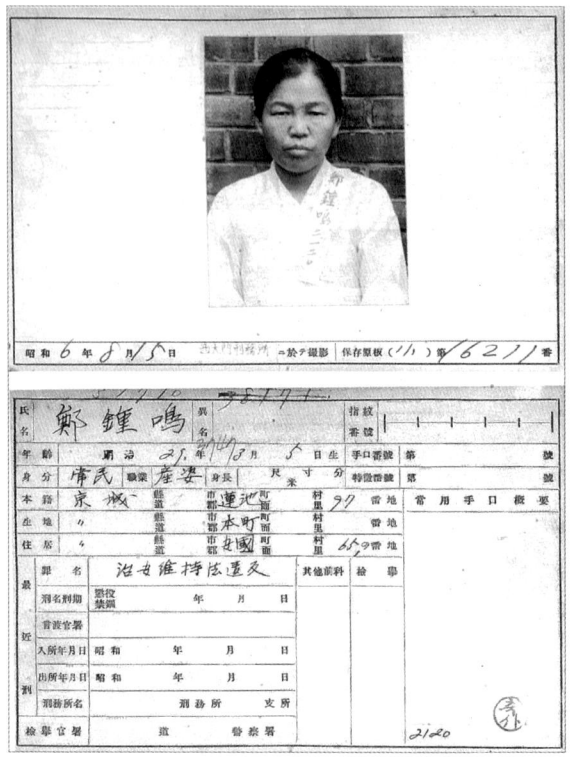

정종명 선생, 서대문형무소 수형기록카드(대한간호협회 제공)

요. 아마 그즈음에 사망했을 수도 있으리라고 짐작할 뿐입니다.

일제강점기에 활동한 우리나라 간호사 중에 가장 유명

한 인물을 꼽으라면 당연히 정종명 선생일 거예요. 산파를 해서 번 돈으로 남을 아낌없이 도와 주었던 정종명 선생님의 성품과 행동에 대해 해방 이후에도 주변 사람들은 칭찬을 아끼지 않았어요.

"먹을 것을 대고, 땔감을 대고, 약값을 대고, 감옥 뒷바라지를 하고, 병원 뒷바라지를 하고, 장례식까지 치러 준 우리의 누이, 간호사, 아내, 어머니였어요."

그러나 사회주의자이며 월북했다는 이유로 해방 이후 거의 잊혀졌다가 1980년대가 되어서야 재조명되었어요. 정종명 선생이야말로 우리가 길이길이 존경하고 기억해야 할 여성운동의 선구자이며 진정한 독립운동가입니다.

대한민국 정부는 2018년이 되어서야 정종명 선생에게 건국훈장 애국장을 추서했습니다.

아버지 노백린 장군과 가족들 그리고 동지들이 보여 주는 나라를 되찾겠다는 의지와 독립 정신을 늘 가까이서 자연스럽게 보고 자란 노순경 선생은, 민족에 대한 사랑과 독립에 대한 열망을 어려서부터 자연스럽게 갖게 되었다.

노순경
간호사

만세운동으로 유관순 열사와 함께 수감되다

1919년 12월 1일 저녁 7시. 일제총독부가 있는 훈정동 대묘 앞.

젊은 여성 20여 명이 은밀하게 모여들었어요. 서로 눈짓을 하더니 품속에서 깃발을 꺼내 흔들며 지나가는 사람들을 향해 목청껏 외치기 시작했어요.

"대한독립 만세!"

"만세!"

"만세!"

지나가던 사람들은 용감한 젊은 여성들을 보고 발걸음을 멈췄어요. 3월에 시작한 만세운동이 해를 넘길 때까지 전국 곳곳에서 끊이지 않고 이어지고 있었어요. 하지만 일제가 워낙 심하게 탄압했기 때문에 점차 수그러들고 있었던 때였어요. 근처에 있던 사람들은 크게 소리쳐 부르지는 못해도 마음 속으로 함께 외치며 그곳을 떠나지 못하고 서성였어요.

흰색 옷감에 붉은 글씨로 대한독립 만세라고 쓴 깃발과 태극기를 들고 만세를 부른 사람은 세브란스병원 간호사들이었어요. 며칠 밤을 새워 그린 태극기를 산부인과 신생아 포대기 밑에 숨겨 놓았다가 옷 속에 숨겨 가져와서 일제 총독부 코앞에서 만세를 부른 거예요.

잠시 후, 일본 경찰이 달려와 만세를 부르는 젊은 여성들을 곤봉으로 마구 때리기 시작했어요. 급기야 그중 네 명을 질질 끌고 갔어요. 그러면서 주변 사람들에게 고함을 쳤지요.

"해산, 해산! 빨리 집으로 가. 너희도 형무소에 가고 싶나?"

간호사 노순경, 김효순, 박덕혜, 이도신의 얼굴은 연행되는 과정에서부터 무지막지하게 얻어맞아 퉁퉁 부어오르고 코피가 터져 피투성이였어요. 경성지방법원은 이들에게 각각 징역 6월이라는 판결을 내리고 서대문형무소에 가뒀어요. 형을 더 주려고 해도 이미 감옥에는 만세운동으로 잡혀온 조선인들이 넘쳤기 때문에 징역 6월에 그칠 수밖에

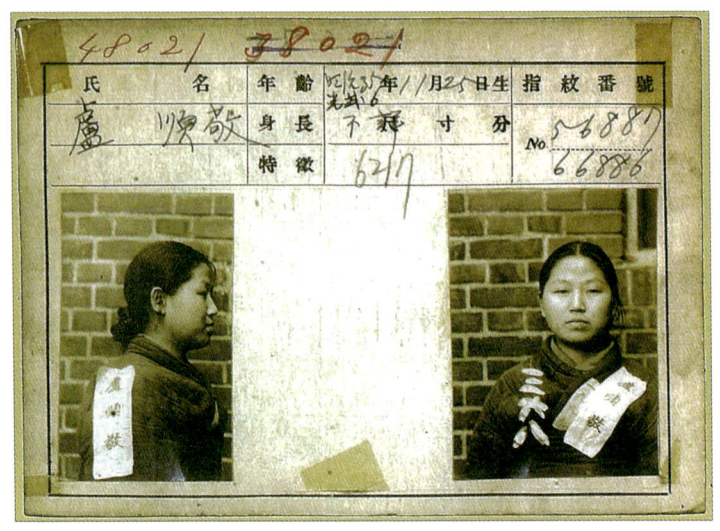

노순경 선생 서대문형무소 수형기록카드(대한간호협회 제공)

없었어요. 감옥으로 옮겨 가자 일본 간수들은 이들을 더욱 구타하고 고문했어요.

"간도 크게 감히 조선총독부 코앞에서 만세를 불러? 만세 부르던 조선인들 모조리 감옥에서 썩고 있는 거 몰라? 너희들이 만세를 불러봤자 아무것도 이뤄지지 않는다. 대한독립? 정신 차려. 대일본제국에 맞섰다가 어떻게 되는지 알려줄까?"

일본 경찰의 곤봉에 맞으면서도 끝까지 대한독립을 외

친 간호사들 중 한 명인 노순경은 당시 18세로 노백린 장군의 둘째 딸이었어요. 노백린 장군은 항일무장투쟁에 앞장섰고 신민회에서 활약했던 독립군으로 상해 임시정부 국무총리를 지낸 분이예요.

노백린 장군

며칠 뒤 감옥으로 누군가 노순경을 면회하러 왔어요. 34번째 독립대표라고 불리는 스코필드 박사였지요.

1919년 4월 15일 경기도 화성에 있는 제암리 교회에서 일본 군인들이 교회를 잠그고 불을 질러 민간인 29명을 죽인 사건이 일어났어요. 그때 그 사건을 최초로 서양에 알린 사람 중 한 명이 스코필드 박사였어요.

"1919년 3월 31일 발안 장터에서 만세운동이 있었는데 일본 경찰은 무자비하게 진압했다. 그 후 지역 주민들이 계속 시위를 하자 그에 대한 경고와 보복으로 일본 군인이

민간인 29명을 학살한 사건이다."

스코필드 박사 자서전에 서대문형무소에 수감된 노순경을 만나러 간 일 또한 자세히 적혀 있어요.

노순경 선생 아버지 노백린 장군과 스코필드는 서로 존경하는 사이였어요. 그래서 평상시 세브란스병원에 근무할 때부터 노순경 선생은 스코필드 박사를 잘 따랐지요.

스코필드 박사는 면회가 안 된다는 간수들 말에도 꼭 노순경을 봐야겠다고 우겼어요. 일제도 조선인이 아닌 서양 사람들은 함부로 하지 못했어요. 국제 사회에 자신들의 잔인한 폭력이 알려질까 두려웠기 때문이에요. 일본 간수들은 할 수 없이 잠시 후 노순경을 데리고 나왔어요.

"박사님."

고생을 많이 했는지 홀쭉해진 모습으로 다리를 절면서 나온 노순경 선생은 스코필드 박사를 보자 눈물을 보였어요.

"노 간호사. 고생이 많지요?"

면회가 끝난 뒤 스코필드 박사는 안 된다고 말리는 간수들을 뿌리치고 노순경 선생과 함께 여자 감방인 8호실에 들어갔어요. 노순경은 감방에 함께 갇혀 있는 사람들을 차례대로 소개했어요. 그곳에는 감옥에서 모진 고문을 당한 유관순, 어윤희, 이애주, 엄명희가 있었어요.

"고생이 많습니다. 여러분을 위해 할 수 있는 일이 있는지 백방으로 알아보겠소. 부디 모두 몸조심하시오."

스코필드 박사는 그 뒤에도 시간이 날 때마다 서대문형무소를 찾았는데, 그가 찾아오는 날만 간수들은 고문을 하지 않았대요.

고문 당한 사실을 알리다

며칠이 지난 뒤 스코필드는 병보석으로 나온 이애주를 통해서 감옥에 갇힌 이들이 얼마나 심하게 고문을 당하고 있는지 자세히 알게 되었어요.

"특히 노순경은 간수들이 불에 구운 젓가락으로 다리를

스코필드 박사

마구 찔러 일어서지도 못하게 되었어요. 어깨도 달군 인두로 지졌고요."

그 말을 들은 스코필드는 곧 총독부로 달려가 정무총감 미즈노를 만나 일본의 비인도적인 만행을 강력히 항의했어요. 스코필드는 미즈노의 명함을 가지고 곧 서대문형무소로 달려가 간수에게 호통을 쳤어요.

"나는 정무경감 미즈노와 절친한 사이요. 여기 명함을 보시오. 감옥에 갇힌 한국 사람에 대한 고문을 멈추시오. 그렇지 않으면 이런 일을 서양의 여러 나라에 낱낱이 알릴 것이오."

물론 일본인 간수들은 그런 일이 절대 없도록 하겠다고 입에 발린 거짓 약속을 했지요. 스코필드 박사는 자신의 자서전에 그때의 일을 모두 자세히 기록하며 안타까운 마음을 드러내기도 했어요.

1920년 3월. 만세운동을 벌인 지 1년이 되어가고 있었어요. 서대문형무소 8호 감방 안에서는 간수들 몰래 계획을 세웠어요.

마침내 3월 1일.

"대한독립 만세."

"대한독립 만세."

누군가 외치기 시작하자 8호방 모든 사람들이 소리높여 외치기 시작했어요.

"아이, 이것들이. 조용히 해!"

간수들이 달려와 감방 문을 두드리며 소리를 질렀어요. 그러나 8호방에서 시작한 만세운동은 점점 다른 방으로 전달되었어요. 간수는 문을 열고 한 명 한 명 끌어내 아무 곳이나 마구 때리며 모진 고문을 했어요. 지난번에 당한 고문이 낫기도 전에 또 다른 곳이 터져 상처가 아물 날이 없었어요. 유관순 열사는 배를 하도 심하게 맞아 방광이 터졌지만 치료도 해 주지 않아 일어나지도 못했어요.

모진 고문을 당한 노순경 선생은 6개월 뒤 야윈 몸으로 절뚝거리며 감옥 문을 나섰어요. 1920년 9월 말 유관순 열사가 서대문 감옥 안에서 숨졌다는 소식을 들은 노순경 선생은 같은 감옥 친구를 생각하며 눈물을 지었어요.

어려서부터 키워 온 민족의 독립에 대한 열망

1901년 황해도 송화에서 태어난 노순경 선생은 다른 많은 독립운동가들처럼 어려운 어린 시절을 보냈어요. 네 살 때 어머니를 여의고 아버지는 러일전쟁을 살펴보는 관전사로 중국으로 떠났지요. 열한 살 많은 언니 노숙경의 보살핌을 받으며 살았어요. 언니 노숙경은 엄마이자 언니이며 친구이고 독립운동의 선배였어요. 어려서부터 노순경 선생은 조용하고 얌전하지만 의지가 강한 성격이었어요.

얼마 뒤 언니 노숙경은 정신여학교에 입학하게 되었는데 어린 노순경 혼자 두고 갈 수가 없었어요. 친척집에 맡기려니 마음이 너무 아팠어요. 노숙경은 동생을 데리고 가기로 했어요. 그래서 노순경 선생은 언니를 따라 여섯 살 때부터 기숙사에 들어가 살았지요. 사감 몰래 살았기 때문에 언니가 수업을 끝내고 올 때까지 꼼짝도 못 하고 숨어서 기다려야 했어요. 여섯 살짜리 아이에게 그건 견디기 힘든 고통이었을 거예요. 동생이 힘들 것을 걱정한 언니는 수업이 끝나자마자 달려와 어린 동생을 꼬옥 안아 주었어요.

"순경아, 숨어있느라 힘들었지?"

"아니, 괜찮아. 언니야."

일찍 철이 든 순경은 울지도 않고 환하게 웃었어요. 혹여 언니가 걱정할까 봐 엄마, 아버지가 보고 싶다는 말도 하지 않고 눈물을 꾹꾹 참은 거예요. 어린 노순경은 언니와 언니 친구들이 가져온 음식을 먹고 재잘재잘 얘기도 잘 하고 재롱도 피웠어요.

노순경은 언니 친구들에게 노래도 배우고 한글도 배우고 셈법도 배웠어요. 어린 노순경은 야무지고 영리했어요. 언니의 친구들은 노순경이 안쓰러워 무척 귀여워했어요.

엄마, 아버지가 없는 대신 언니들의 사랑을 듬뿍 받고 자란 거지요. 독립운동가로 유명한 김마리아 선생도 언니 노숙경의 정신여학교 시절 절친한 친구예요.

5년 뒤인 1910년 6월 16일. 정신여학교 4회 졸업식이 있었어요.
"우리 순경이, 이제 어떻게 하니?"
언니 친구들은 모두 노순경 선생을 걱정했어요. 언니 노숙경이 목포의 정명여학교 선생으로 부임하게 되었거든요. 노순경과 특별히 친했던 김마리아 선생도 광주 수피아여고로 떠나게 되었고요.
"괜찮아요. 친척집에서 지내면 돼요."
노순경 선생은 기숙사를 나와 홀로 친척집에 살게 되었어요.
"순경아, 너도 나이가 되면 꼭 정신여학교에 들어가 공부해야 한다. 열심히 공부해야 해. 알았지?"
동생이 구박받지 않도록 생활비를 보내며 노숙경은 늘

당부했어요. 언니의 말을 따라 노순경은 나이가 들자 정신여학교에 입학해 신학문을 배우기 시작했어요.

노순경 선생은 1918년 정신여학교를 졸업한 뒤 세브란스 병원 간호사가 되었어요. 그때 일본으로 유학 갔던 김마리아 선생이 돌아와 대한애국부인회 회장이 되면서 언니 노숙경은 근우회, 3·1여성동지회, 대한애국부인회 같은 여성단체 활동에 적극 참여하였어요. 노순경 선생도 언니들과 늘 뜻을 함께 했습니다.

노순경 선생이 이렇게 대단했던 것은 아버지 노백린 장군의 영향이 컸는데요. 노백린 장군은 나라에서 주는 돈으로 1895년 일본에 유학해 일본 육군사관학교를 졸업한 군인이에요. 1900년 귀국하여 육군 참위에 임관, 한국무관학교 보병교관이 되었고, 1904년 러일전쟁 때 관전사로 만주를 시찰하기도 했어요. 이후 정령이라는 직위까지 승진하면서 육군무관학교장, 헌병대장 등을 지냈습니다.

그런데 1905년 을사늑약이 체결되더니 1907년 조선의

국운은 날로 기울어 일본군에 의해 대한제국 군대가 해산 당했어요. 노백린 장군은 후진을 양성하던 연성학교가 폐교되자 잠시 고향으로 내려가 도산 안창호, 김구 등과 함께 신민회를 조직하여 조직적인 독립운동을 벌이기 시작했어요.

일사늑약 얼마 뒤 벌어진 잔치에서 있었던 일은 두고두고 유명했지요. 을사늑약 후에 조선을 통치할 통감부의 초대 통감이 되어 일본이 강제로 식민지로 만드는데 큰 역할을 했고, 결국 1909년 중국의 하얼빈 역에서 독립운동가 안중근에게 저격돼 죽은 이토 히로부미는 서울에 통감부를 설치한 기념으로 한국의 높은 관리들을 초청하여 연회를 벌였어요. 이 자리에 초대받아 마지못해 갔던 노백린 선생이 이완용, 송병준 등 나라를 팔아먹은 친일파를 보게 되었어요.

"워리 워리. 웬 똥개가 잔치에 왔네."

노백린 장군은 친일파를 개처럼 부른 거예요. 일본군 사령관이 칼을 빼들자 노백린 선생도 참지 않고 칼을 빼 분

신민회 창립총회 기념사진

위기가 살벌해졌어요.

"노 장군, 진정하세요."

이토 히로부미가 황급히 말려 화는 막았으나 잔치는 흥을 잃고 파했고, 이완용과 송병준은 슬그머니 도망쳤어요.

일제는 노백린 선생에게 일본과 손잡으면 부와 권력을 주겠다고 회유했어요. 실제로 많은 은사금을 보내기도 했지만 노백린 장군은 한 번도 받지 않고 돌려보냈어요. 그러자 이번에는 협조하지 않으면 가만두지 않겠다고 협박을 하기 시작했어요.

"왜놈의 부하가 되어 나라와 백성을 배신하느니 차라리 망명해 해외에서 독립을 위해 싸우겠다."

결국 노백린 장군은 1911년 105인 사건으로 일제 경찰에 체포되어 모진 감옥살이를 한 후, 1914년 중국의 상황을 살펴본다는 핑계를 대고 중국으로 간 다음 하와이를 통해 미국으로 망명했어요.

상해임시정부 국무총리 노백린 장군의 둘째 딸

1919년에는 대한제국의 육군 정령이었던 경력을 인정받아 임시정부는 노백린 장군을 군무총장에 임명했어요. 이승만, 안창호, 김규식과 함께 파리강화회의에 파견될 대표로 활동하기도 했어요.

노백린은 일찍부터 일본의 군사력을 파악하는데 전력을 기울여 누구보다 잘 알고 있었어요.

"일본이 육군과 해군의 능력은 매우 강하지만 아직 하늘에 비행기를 본격적으로 날리지는 못하고 있다."

미국 땅에서 조선의 정예 조종사들을 양성할 수만 있다면 미래에 벌어질 독립투쟁에서 큰 효과를 볼 수 있을 것이라 생각했어요. 우선 노백린 장군은 독립군 활동을 했던 청년들 중 6명을 선발하여 캘리포니아의 레드우드 민간인 비행학교에 입학시켰어요.

"하루속히 비행기 조종술을 배워 후진을 양성하는데 큰 역할을 하라."

이들 청년 독립투사들은 오임하, 이용선, 이초, 이용근, 한장호, 장병훈이었어요.

나라를 빼앗긴 1910년 8월 국민군단의 병영 완성을 축하하는 낙성식에 약 600여 명의 하와이 교포들이 참석해 감격의 눈물을 흘렸어요.

"앞으로 일어날 전쟁은 육군보다 공군력이 중요하다. 우리 조선도 비행사를 양성해야 한다."

비행학교

　늘 이렇게 주장했던 노백린 장군은 미국으로 이민 와 쌀 장사로 많은 돈을 번 김종린이란 분을 소개받았어요.
　"새로운 비행군단 창설이 절실히 필요하오."
　쌀의 왕으로 불리던 캘리포니아의 김종린은 비행사 양성소 건설에 필요한 모든 항공시설과 함께 매달 3천 달러를 지원하겠다고 약속했어요.
　김종린과 동포들 후원을 받아 1919년 미국 캘리포니아에 기지를 건설하고 1920년 윌로우스 비행사 양성소를 설립했어요. 훈련용 비행기 2대를 사 오고 비행사 노정민,

박낙선, 우병옥, 오임하, 이용선, 이초 선생을 초빙하여 교관으로 삼았어요. 이후 훈련용 비행기를 다섯 대로 늘리고 1922년에는 학생 수가 40명이 넘었어요. 1923년 드디어 1회 졸업생을 배출했어요.

"도쿄로 날아가 일본 천왕궁을 폭격하자."

노백린 장군은 늘 이렇게 외쳤어요. 우리나라 사람이 국외에서 비행사를 양성한다는 것은 생각하지도 못할 때였어요. 항일비행군단을 조직하게 된 것은 매우 큰 역사적 의미가 있는 사건이었죠.

"국가와 민족을 사랑하라."

노백린 장군은 1919년 3·1운동 뒤 상해임시정부의 국무총리를 맡기도 했어요. 노백린 장군은 평생 소원이던 광복을 못 본 채 평상시 앓던 병으로 1925년 갑자기 돌아가시게 되어 평소에 하던 말이 유언이 되어 버렸어요. 노백린 장군은 대한민국 공군을 만든 초대 지휘관으로 인정받고 있습니다.

온 가족이 독립운동가 집안

　노백린 장군의 의지는 후대로 이어져 첫째 딸 노숙경 선생(1890년~1982년)은 근우회, 3·1여성동지회, 대한애국부인회 같은 여성단체 활동에 적극 참여하였어요. 의사인 남편 이원재 선생과 함께 하얼빈으로 가 1917년 고려병원을 설립했어요. 병원을 운영해 얻은 이익으로 독립자금을 대고 다친 독립군들을 치료해 주며 지역 조선인들을 도와 주었어요. 노숙경 선생과 이원재 의사는 독립운동뿐 아니라 양쪽 집 형제자매를 거의 키우다시피 지원해 주었어요.
　큰아들 노선경 선생(1893년~1993년) 역시 한평생 아버지의 뜻에 따라 어려운 가정형편 속에서도 민족독립을 위하여 헌신한 열정적인 독립운동가였어요. 조선군민회에 가입하여 활동하던 중 일본 경찰에 잡혀 옥고를 치르고 대한독립단에 가입하여 항일투쟁 운동을 적극 추진했어요. 애국청년 모집활동과 동삼성 독립운동가와 상해임시정부에 독립자금을 지원하던 중 단동 국경지대에서 잡혀 신의주 감옥에서 옥살이를 또 하기도 했어요.

둘째 딸 노순경 선생 역시 어린시절부터 조국과 민족을 사랑하는 마음을 자연스레 갖게 되었어요. 1905년 을사늑약이 체결되자 이에 반대하는 구국

노숙경 선생

계몽운동이 거세게 일어났는데 아버지의 친구이자 동지인 안창호, 김필순, 김구, 장지연, 양기탁, 이갑, 유동렬 같은 애국지사들이 중심이었어요. 아버지와 동지들이 보여 주는 나라를 되찾겠다는 의지와 독립 정신을 늘 가까이서 자연스럽게 보고 자란 노순경 선생은 민족에 대한 사랑과 독립에 대한 열망을 어려서부터 자연스럽게 갖게 된 거예요.

노순경 선생은 3·1만세운동에 참가해 서대문형무소에서 옥고를 치른 뒤 1921년 세브란스병원 의사인 박정식과 결혼했어요. 노순경 선생 부부 역시 아버지 노백린 장군의

한국무관학교 시절의 노백린 장군(뒷줄 왼쪽부터 3번째)
가운뎃줄 왼쪽부터 김마리아 지사, 김미령, 노숙경 지사.

요청으로 중국 하얼빈으로 갔어요.

"순경이 부부도 상해임시정부에 독립자금 재정 마련을 지원하고 고려병원에서 독립군과 지역 주민을 치료하면 좋겠구나."

노순경 선생과 박정식 선생은 하얼빈으로 들어가 고려병원에서 내과 의사와 간호사로 근무하며 언니 부부와 함께 독립운동을 도왔어요. 노순경 선생의 남편 박정식 선생은 세브란스병원 의사로 있을 때부터 독립군에 군자금을 댔고 중국 하얼빈에서도 많은 독립군을 치료했어요. 박정식 선생의 아버지 박승환 선생, 즉 노순경 선생의 시아버지는 일본제국이 조선의 군대를 해산하자 스스로 자결하셨던 순국선열이에요.

"군인으로서 나라를 지키지 못하고 신하로서 충성을 다하지 못했으니 만 번 죽은들 무엇이 아깝겠는가."

박승환 선생의 유언이에요. 박승환 선생이 자결하자 해산당한 군인들은 반일 의병운동에 뛰어들었고 전국적인 대중 운동으로 확산되기도 했어요. 그런 아버지였으니 박정식 선생 역시 조선 독립에 남다른 열정을 가질 수밖에 없었지요. 그 아버지에 그 아들이라고 할 수 있죠.

막내아들 노태준 선생(1911년~1970년)은 강릉농업학교에 다니던 1929년 11월 3일 광주학생운동이 일어나 전국적인 반일 학생운동으로 전파되자 박승만, 김화철 등과 함께 시위를 준비해요. 그런데 사전에 발각되자 일본 경찰을 피해 상하이로 탈출, 광복군 구대장으로 항일전선에 나섰어요.

노순경 선생은 광복 후 서울에서 평범하게 살며 8녀 1남을 낳아 길렀어요. 1979년 3월 1일. 3·1운동동지회 분들을 만나러 갔다가 돌아오는 길에 쓰러져 며칠 뒤 돌아가셨어요. 평소에 자신이 만세운동을 해 옥고를 치렀던 사실을 주변 사람들에게 자랑하지 않으셨대요. 어깨와 허벅지에 흉터가 있어 딸들이 무슨 흉터냐고 물어도 그냥 다쳤다고만 말씀하셨대요.

아버지 노백린 장군과 시아버지 박승환 선생은 1962년 건국훈장과 대통령 표창을 받았고, 오빠 노선경은 1968년 대통령 표창, 1990년 건국훈장과 애족장을 받았어요. 또한 동생 노태준은 1968년 건국훈장과 독립장을 받았지요. 노순경 선생의 집이야말로 명실공히 독립운동 명문가라고 할 수 있겠지요? 이렇게 살펴보니 독립운동가는 독립운동가끼리, 친일파는 친일파들끼리 결혼했다는 것을 알 수 있네요.

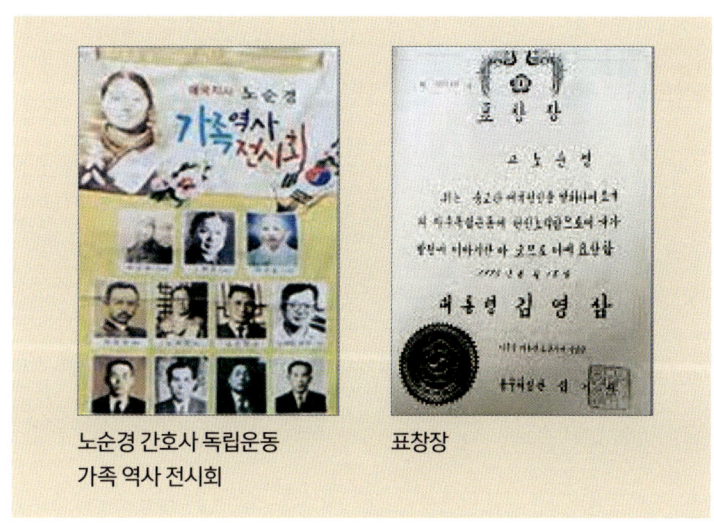

노순경 간호사 독립운동
가족 역사 전시회

표창장

대한민국 정부는 노순경 선생에게 1995년 대통령 표창을 했고 2003년 유해를 국립대전현충원 독립유공자 묘역에 안장했어요.

지금 우리가 누리고 있는 자유와 행복은

모두 목숨 걸고 나라를 되찾기 위해 애쓴

독립투사들 덕분이라는 것을

잠시도 잊어서는 안 됩니다.

대한간호협회가 선정한
독립운동가 간호사 74인

대한간호협회가 《간호사의 항일구국운동》이라는 책을 전면 개정해 《독립운동가 간호사 74인》으로 새로 발간했습니다. 대한간호협회에서는 독립운동을 한 간호사들의 삶을 발굴하는 데 노력을 아끼지 않고 있습니다. 그동안 알려지지 않았던 간호사들을 새로이 찾아내 기록하였습니다. 이분들의 행적을 간단하게 정리하여 싣습니다. 자세한 내용은 《독립운동가 간호사 74인》을 참고하세요.

강아영 | 세브란스병원 견습간호부로 근무하면서 대한민국애국
(1900~?) | 부인회에 참여. 1919년 11월 대한민국애국부인회 중심
회원 다수와 함께 체포되었고, 여자고학생을 상부상조하자는 취지로 만들어진 조선여자고학생상조회 순회 공연에 정종명, 주영애 등과 함께 강사로 활동.

강영파 | 상하이에서 이동녕, 안창호가 중심이 되어 조직한 상
(?~?) | 해한인여자청년동맹에서 한인여자청년동맹의 대표를
지냄. 중국 충칭 근처 호령에서 폐병요양원을 개업하여 한인을 도왔으며, 이후에도 임정과 계속 관계를 갖고 간호 활동에 종사한 것으로 추측.
2019년 건국훈장 애족장.

곽영주 | 1919년 세브란스병원 견습간호부로 근무하였고, 대한
(1899~?) | 민국애국부인회 회원으로 활동한 것으로 추측.

김금석 | 광주 제중원 간호인(남자 간호사)으로, 1919년 독립선
(1892.7.29~?) | 언서를 배포한 형의 등으로 징역 4개월 선고 받음.
2018년 대통령 표창.

김덕신 | 1919년 세브란스병원 견습간호부로 근무하면서 대한민
(1900~?) | 국애국부인회에서 활동한 것으로 추측.

김려운
(1900~?)
1919년 세브란스병원 견습간호부로 근무하면서 대한민국애국부인회에서 활동한 것으로 추측. 1924년 조선약학교를 우등으로 졸업하고 중국 한구로 이주 약종상 운영.

김병숙
(1898~?)
1919년 동대문부인병원 간호부로 근무하였으며, 대한민국애국부인회에서 활동한 것으로 추측. 대한민국애국부인회는 애국부인회 사건 이후 한국의 여성운동가들이 좌우를 초월하여 설립한 단체. 신간회의 외곽 지원 단체였던 근우회 의주지회에서 활동.

김복수
(1901~?)
1919년 세브란스병원 견습간호부로 근무하면서 대한민국애국부인회에서 활동한 것으로 추측.

김복신
(1901~?)
1919년 동대문부인병원 간호부로 근무하였으며, 대한민국애국부인회에서 활동한 것으로 추측. 애국부인회 사건 이후에도 동대문부인병원에 계속 근무했으며, 1925년 홍수 때 이재민 구호 활동 참여. 1927년에는 동대문부인병원 간호학교의 교사로 근무. 그해 시인 이은상과 결혼.

김봉덕
(1899~?)
1919년 동대문부인병원 간호부로 근무하였으며, 대한민국애국부인회에서 활동한 것으로 추측.

김성학
(1987~?)
1919년 동대문부인병원 간호부로 근무하였으며, 대한민국애국부인회에서 활동한 것으로 추측.

| 김순경
(1987~?) | 1919년 동대문부인병원 간호부로 근무하였으며, 대한민국애국부인회에서 활동한 것으로 추측. |

| 김순애
(1889.5.12~1976.5.17) | 민족교육과 교육운동에 헌신한 집안의 영향으로 정신여학교에서 수학하고 교사로 재직. 중국으로 망명 후 |

에는 신한청년당에 가입하여 이사로 활동. 상하이에서 '여성의 독립운동 참여와 지원'을 목적으로 대한애국부인회를 조직하고 회장으로 활동. 상하이에서 활동한 대한애국부인회는 서울의 대한민국애국부인회, 평양의 대한애국부인회 등 국내외의 애국부인회와 긴밀하게 연계하여 독립운동을 전개. 임시정부 내의 적십자회 간호사양성소에서 교육받은 것으로 보이며, 무장단체인 의용단에도 참여. 이후 대한민국임시정부를 지원하는 다양한 활동에 참여. 재건 대한애국부인회를 조직하고 주석으로 추대되었으며, 독립운동 지원활동을 지속. 8.15 광복 이후 1945년 임정요인 1차 환국 때 함께 귀국하여 모교인 정신여자중고등학교 재단 이사장과 이사 등으로 활동. 대한민국애국부인회를 이끈 독립운동가 김마리아의 고모이며 독립운동가 김규식의 부인.
1977년 건국훈장 독립장. 2010년 국립대전현충원 독립유공자 제4묘역에 안치.

| 김안순
(1900.3.24~1979.4.4) | 수피아여고를 졸업하고 광주 제중원 간호부로 근무하 |

다 광주 지역 만세운동에 앞장섰다 체포되어 징역 4개월을 선고 받음.
2011년 대통령 표창. 2012년 국립대전현충원 독립유공자 제4묘역에 안치.

김연실 | 세브란스병원에서 간호부 교육을 받고 평양에서 사립
(1898.1.16~?) | 유치원 교사로 근무 중 3·1운동 참여로 체포되어 징역
6개월 복역. 이후 상하이로 망명하여 대한적십자회에서 교육받고 애국부인회 구성원으로 활동. 흥사단에 입단하고 인성학교 교원으로 활동. 다시 미국으로 망명하여 대한여자애국단에서 활동.
2015년 건국포장.

김영순 | 1919년 세브란스병원 간호부로 근무하면서 대한민국애
(1898~?) | 국부인회에서 활동. 1930년 부산 근우지회 정기대회에
서 집행위원으로 선출.

김오선 | 평양 기홀연합병원 간호원양성소 1회 졸업생으로 동대
(1897~?) | 문부인병원에서 독립운동가 장선희를 도왔으며 애국부
인회, 부인적십자단 활동으로 일본 경찰의 취조를 받음. 1919년 대한민국 애국부인회 동대문부인병원 회원으로 활동. 1922년 평양 기홀연합병원 간호사로 애국부인회, 부인적십자단 등의 독립운동 활동.

김온순 | 황해도 해주 사립 의정여학교를 졸업하고 해주 자혜병
(1889(?)~1968.1.31) | 원 간호부로 근무하던 중 3·1운동에 참가하여 투옥.
이후 만주로 이주 애국부인회와 애국여자청년회를 조직하고 강습소를 설치하고 강습 활동. 신한농민당의 여성부장으로 활동. 독립운동가 김광희의 부인.
1990년 건국훈장 애족장. 국립대전현충원 독립유공자 제2묘역에 안치.

김원경
(1898.11.13~1981.11.23)

1919년 경성여자고등보통학교 재학 중 3·1운동에 참여. 이후 대조선독립애국부인회 대표로 상하이로 파견되어 건의문과 독립운동자금 등을 전달하고 상하이의 대한민국임시정부에서 활동. 대한적십자회 회원 모집에 적극적으로 참여. 상해조선거류민단 서구의원으로 활동하며 모스크바에서 개최된 극동인민대표회의에도 대표로 참석. 독립운동가 최창식의 부인.
1963년 대통령 표창. 국립현충원 독립유공자 묘역에 남편과 함께 안장.

김은도
(1902~?)

1919년 세브란스병원 견습간호부로 근무, 대한민국애국부인회 활동. 이후 근우회 발기인으로 참여하는 등 근우회 활동.

김응숙
(1900.10.29~?)

용정촌 야소교병원 간호사로, 만주 및 중국 지역 무장투쟁조직인 학생 독립운동단체 대한학생광복단 단원으로 활동하다 검거, 징역 10개월 선고 받음.
2015년 건국포장.

김태복
(1886~1933.11.24)

평양기독연합병원 간호사로 근무하며 대한애국부인회에서 활동하다 체포. 국내에서 임시정부를 지원하는 단체였던 의용단에서 활동. 이후 의생면허를 따고 평양 기림리에서 평양태성의원을 경영하면서 근우회 평양지회, 신간회 평양지회, 여자기독청년회, 평양 고아원 등 사회단체에서 활동하여 빈민과 고아의 어머니로 존경 받음.
2010년 건국포장.

김현미
(1893~?)

1919년 동대문부인병원 간호부로 근무하면서 대한민국애국부인회 회원으로 활동한 것으로 추측.

김화순
(1894.9.21~?)

광주 제중원 간호사로 광주 지역 3·1운동에 참여, 체포되어 징역 4개월을 선고 받고 옥고를 치름.
2016년 대통령 표창.

김효순
(1902.7.23~?)

정신여학교 13회 졸업생으로 세브란스병원 간호사로 근무하던 중 3·1운동 후속 만세운동을 펼치다 노순경, 이도신, 박덕혜 등과 함께 체포되어 징역 6개월을 선고 받고 옥고를 치름. 1929년 근우회 재령지회 집행위원장으로 활동, 중국 산둥성에서 여선교사로 활동.
2015년 대통령 표창.

노순경
(1902.11.10.~1979.3.5)

본문 84~109쪽 참조

박경숙
(1893~?)

1919년 동대문부인병원 간호부로 근무하면서 대한민국애국부인회 회원으로 활동한 것으로 추측.

박덕혜
((1900.5.14~?)

정신여학교 13회 졸업생으로 세브란스병원 간호부로 근무하던 중 3·1운동 후속 만세운동을 펼치다 노순경, 이도신, 박덕혜 등과 함께 체포되어 징역 6개월 선고 받고 옥고를 치름. 이후 애국공채와 국방헌금을 헌납했다는 친일 행적이 보임.

박봉남 | 1919년 세브란스병원 견습간호부로 근무하면서 대한민
(1897~?) | 국애국부인회 조직의 검거 때 함께 검거. 이후 도쿄의
메카여자치과의학전문학교를 졸업하고 조선 최초의 여성 치과의사가 되어
세브란스병원 치과에서 근무.

박옥신 | 정신여학교 11회 졸업생으로 세브란스병원 간호부로
(1901~?) | 근무하며 대한민국애국부인회 회원과 대한적십자회
대한지부 회원으로 활동.

박원경 | 황해도 백령도에서 태어나 교사를 하던 중 재령 만세
(1901.8.19.~1983.8.5) | 운동을 주도하다 체포. 재령경찰서에서 혹독한 고문을
받고 해주로 이송되어 징역 2년 6개월 옥고를 치름. 그 뒤 일본 경찰에 쫓
겨 히로시마로 갔다가 이후 동대문부인병원 간호사로 16년간 근무하면서
독립운동 지원.
2008년 건국훈장 애족장. 2009년 국립대전현충원 독립유공자 제4묘역에
안치.

박은덕 | 1919년 동대문부인병원 간호부로 근무하면서 대한민
(1898~?) | 국애국부인회 회원으로 활동한 것으로 추측.

| 박자혜
(1893.12.11.~1943.10.16) | 본문 6~53쪽 참조 |

| 박제옥
(1897~?) | 1919년 세브란스병원 간호부로 근무하면서 대한민국애국부인회 회원으로 활동한 것으로 추측. |

| 배은경
(1897~?) | 1919년 세브란스병원 간호부로 근무하면서 대한민국애국부인회 회원으로 활동한 것으로 추측. |

| 서수신
(1900~?) | 1919년 세브란스병원 간호부로 근무하면서 대한민국애국부인회 회원으로 활동한 것으로 추측. |

| 송정헌
(1919.1.28.~2010.3.22) | 1937년 중국 강서성 노산구강폐병원에서 간호사로 근무하다 김구 주석의 경호원이던 유평파와 결혼하여 남 |

편과 함께 한국광복진선청년공작대 대원으로 첩보원 활동. 1940년 한국혁명여성동맹 창립요원으로 활동하였으며, 한국독립당의 일원으로 광복될 때까지 활동.
1990년 건국훈장 애족장.

| 오화영
(1896~?) | 1919년 세브란스병원 간호부로 근무하면서 대한민국애국부인회 회원으로 활동한 것으로 추측. |

우봉운 | 정신여학교 졸업 후 대구 계성여학교 교사로 3년간 재
(1889~?) | 직. 북간도로 이주 후 명동여학교 교사로 여학생들을
교육하면서 독립운동 비밀단체인 철혈광복단 단원으로 활동. 블라디보스
토크로 이주한 후에는 부인독립회에 참여, 간호부 양성 계획 추진. 국내로
돌아온 후에는 최초의 불교 여성단체인 조선불교여자청년회를 조직, 회장
으로 활동하고 교육부 주관 사업으로 능인여자학원을 세워 교장 역임.
1924년 조선여성동우회에 초기부터 참여하여 사회주의 여성운동가로 활
동했으며 근우회 활동에 근우회가 해소될 때까지 참여. 신문 잡지 등 언론
활동을 통해서도 여성운동 전개. 광복 후 조선건국준비위원회 결성시 인
민위원으로 선출, 1948년 황해도 해주에서 개최된 남조선인민대표자대회
참가자 30인 중 하나. 제1기 최고인민회의 대의원으로 선출.

우지순 | 1919년 동대문부인병원 간호부로 근무하면서 대한민
(1901~?) | 국애국부인회 회원으로 활동한 것으로 추측.

원경애 | 1919년 동대문부인병원 간호부로 근무하면서 대한민
(1899~?) | 국애국부인회 회원으로 활동한 것으로 추측.

윤진수 | 정신여학교를 졸업한 후 세브란스병원 간호부로 일하
(1892~?) | 면서 혈성단애국부인회 활동. 1919년 세브란스병원 대
한민국애국부인회 회원으로 활동한 것으로 추측.

이금전
(1901~?)
| 1919년 세브란스병원 간호부로 근무하면서 대한민국애국부인회 회원으로 활동한 것으로 추측.

이도신
(1902.2.21.~1925.9.30)
| 정신여학교 13회 졸업생으로 세브란스병원 견습간호부로 근무하던 중 1919년 12월 2일 박덕혜, 노순경, 김효순과 함께 체포되어 징역 6개월 선고 받고 옥고를 치름.
2015년 대통령 표창.

이봉순
(?~?)
| 상하이 대한적십자회 간호원양성소 1회 졸업생. 1919년 상하이 애국부인회 서기로 활동. 1924년 미국으로 유학 캘리포니아 로마린다의 의과대학 간호학부 졸업, 1927년 시카고 라잉인 병원 간호과 졸업. 로스앤젤레스 화이트 메모리얼 병원 간호사로 근무.

이성효
(1889~?)
| 1919년 세브란스병원에 간호부로 근무하면서 대한민국 애국부인회 회원으로 활동하고 이후 상조회에서도 활동한 것으로 추측.

이아주
(1898.7.16~1968.9.11)
| 정신여학교 학생이던 1919년 3·1운동에 참여하다 일본경찰에 체포되어 6개월 징역형을 받음. 서대문형무소 '여자 감방 8호실'에서 노순경, 유관순, 어윤희 등과 함께 혹독한 고문을 받음.
2005년 대통령 표창.

이애시 | 1915년 세브란스병원을 졸업하고, 이 병원 수간호사로
(1890.10.3~1962.11.28) | 근무 중이던 1919년 3·1운동에 참여하여 경찰에 수배
되어 쫓기다가 만주로 망명. 이후 서로군정서 간이병원의 조수 겸 간호사로 근무하며 대한민국임시정부의 지원, 대규모 독립전쟁을 위한 군자금 모금과 의용대원 모집 활동을 한 대한청년연합단 결성에 참여.

이약한 | 1919년 세브란스병원 간호부로 근무하면서 대한민국애
(1891~ ?) | 국부인회 회원으로 활동한 것으로 추측.

이의순 | 정신여학교 졸업 후 가족이 있는 북간도로 이주 야학
(1895~1945.5.8) | 운영. 블라디보스토크에서 1919년 대한부인회를 부인
독립회로 개명하고 기부금 독려 활동과 독립전쟁에서 있을 부상자 치료에 대비한 적십자사간호부 양성계획 추진. 상하이로 이주한 후 1930년 상하이 한인부인회를 개조한 상해한인여성동맹 주비위원으로 활동. 독립운동가 이동휘의 둘째 딸이며 독립운동가 오영선의 부인.
1995년 건국훈장 애국장.

이정숙 | 정신여학교 졸업반일 때 3·1운동 부상자들 치료를 세
(1896.3.9~1950.7.22) | 브란스병원에서 도운 이후 간호부 교육 받음. 간호사로
혈성단애국부인회와 대한민국애국부인회에서 임원으로 활동하며 군자금을 모아 독립군에 전달. 1919년 대한민국애국부인회 조직의 개편과 활성화 협의에서 적십자회장을 역임. 1919년 대한애국부인회 임원, 회원, 청년외교단 단원 등 80여 명이 검거될 때 함께 검거, 옥고를 치름. 1929년 북청여

자청년회 회장 역임, 1925년 경성여자청년회 초대집행위원. 별세 시까지 고문 후유증으로 고생.
1963년 대통령 표창, 1990년에 건국훈장 애족장.

이화숙 | 1914년 이화학당 4년제 대학과를 졸업하고, 모교에서
(1893~1978) | 교직 생활을 하다 상하이로 망명. 상하이에서 국내의
애국지사와 망명지사의 정보를 연락하는 활동. 1919년 통합정부 대한민국 임시정부 수립할 때 대한민족대표 30인으로 참여. 상하이 대한애국부인회 조직의 중심으로 이후 회장으로 활동. 1919년 대한적십자회가 설립될 때 상의원으로 활동. 대한적십자 회원으로 제1기 간호원양성소 교육 수료.
1920년 미국으로 이주하여 독립운동 자금 지원.
1995년 건국훈장 애족장, 1997년 국립대전현충원 독립유공자 제2묘역 안치.

임수명 | 서울의 한 병원에서 간호사로 일하다 일본 경찰에 쫓겨
(1894~1924) | 환자로 위장해 입원한 항일독립운동가 신팔균 장군과
결혼. 신팔균 장군이 북경으로 망명한 뒤 국내에서 항일 비밀문서 연락과 배포 활동을 하면서 후방에서 독립운동을 도움.
1990년 건국훈장 애국장(1977년 건국포장). 국립서울현충원 독립유공자 묘역에 안치.

임춘자 | 조선공산당 재건 강릉 공작위원회 강릉 공청조직 하의
(1915.5.8.~ ?) | 병원 독서그룹에 가입하여 공산주의 사상을 학습. 강

릉과 대구에서 간호사로 신분을 위장하여 간호부회에 입회하고 공산주의 사상을 교육받고 활동가들의 활동에 도움을 줌.

장옥순 | 1919년 세브란스병원 간호부로 근무하면서 대한민국애
(1899~?) | 국부인회 회원으로 활동한 것으로 추측.

장윤희 | 세브란스병원 간호부로 근무할 때《경성독립비밀단》이
(1892~?) | 란 독립창가집을 600부 복사하여 간호부와 경신, 배
재, 중앙, 이화학당의 학생에게 배포. 정치범죄 처벌령 및 출판법 위반으로 징역 3월, 집행유예 2년 선고 받음.
2021년 대통령 표창.

장의숙 | 1919년 세브란스병원 견습간호부로 근무하면서 대한민
(1896~?) | 국애국부인회 회원으로 활동한 것으로 추측.

전사덕 | 1919년 세브란스병원 간호부로 근무하면서 대한민국애
(1902~?) | 국부인회 회원으로 활동한 것으로 추측. 이후 정종명
과 함께 조선여자고학생상조회 창립 회원으로 활동.

정종명 | 본문 54~83쪽 참조
(1896.3.5~?) |

조은실
(1899~?)

1919년 세브란스병원 견습간호부로 근무하면서 대한민국애국부인회 회원으로 활동한 것으로 추측.

조흥원
(1901~?)

1919년 세브란스병원 간호부로 근무하면서 대한민국애국부인회 회원으로 활동한 것으로 추측.

지성숙
(1898~?)

1919년 세브란스병원 간호부로 근무하면서 대한민국애국부인회 회원으로 활동한 것으로 추측.

채계복
(1900.10.10~?)

정신여학교에 다니다 3월 5일 학생의거 사건으로 체포. 이후 블라디보스토크에서 이의순 등과 함께 부인독립회에서 활동. 부인독립회의 대한적십자사 간호부 양성 계획 실행. 이후 1930년 근우회 원산지회 집행위원으로 활동. 2021년 건국훈장 애족장.

최명애
(1900~?)

1919년 세브란스병원 간호부로 근무하면서 대한민국애국부인회 회원으로 활동한 것으로 추측.

최봉주
(1901~?)

1919년 함경북도 성진 제동병원 간호부로 근무하면서 대한민국애국부인회 회원으로 활동.

최선화
(1911.6.20~2003.4.19)

1931년 이화여전을 졸업하고 모교에서 교사로 근무하다 1936년 상하이로 이주. 상하이에서 간호대학을 다니다 중퇴하고 흥사단에 가입. 1940년 한국독립당에 가입하여 임시정부 지원 활동에 나서는 한편 한국혁명여성동맹 결성 주비위원으로 활동. 1943년 충칭의 한국애국부인회 재건 때에 서무부장으로 활동.
1991년 건국훈장 애국장(1977년 대통령 표창)

최승원　　1934년 영등포병원 간호부로 재직하면서 사회주의 운
(1917~?)　　동에 참여. 경성방직에 소속된 구성원으로 노동자 공산주의 훈련 등 조직 활동.

최종숙　　1919년 세브란스병원 간호부로 근무하면서 대한민국애
(1898~?)　　국부인회 회원으로 활동한 것으로 추측. 세브란스병원 간호부 양성소를 졸업하고 산파로 활동하면서 근우회 경성지회와 조선여자고학생상조회 집행위원회 임원으로 활동.

최혜순　　　　　전남 도립병원 간호사 출신으로, 상하이에서 조산원
(1900.9.2~1976.1.16)　혜생의원을 개원. 상하이 애국부인회 대표 활동과 국내와의 알선 및 독립자금 마련 등 다양한 활동. 대한민국임시정부 국무위원 김철의 부인.
2010년 건국훈장 애족장.

탁명숙　　　　　원산 구세병원 간호사로 근무 중 1919년 3월 5일 학생
(1892.12.04~1972.10.24)　의거에 참여, 체포. 조선총독부 3대 총독을 향해 폭탄을 던진 강우규 의사의 도피를 돕기도 했고 여성 교육을 위해 동명여학교

설립. 이후 제주로 이주하여 1947년 애국부녀연맹 남제주군지부 결성에 기여하고 1952년까지 자유당 제주도지부 부녀부장으로 활동. 1951년 제주보육원 설립.
1963년 대한민국 건국문화포상, 2013년 건국포장.

한신광 | 진주 광림여학교 교사로 1919년 3·1운동 주도로 체포
(1902.7.23~1982.5.6) | 되어 2개월 옥살이. 동대문부인병원에서 간호교육을
받아 광제병원에서 근무, 산파 자격을 취득해 산파로 활동. 1924년 조선간호부협회 설립 초대 회장. 이후 근우회 활동. 1970년 대한간호협회 보건간호사업 공로 표창장.

함귀래 | 강릉도립병원 간호부로, 1932년 결성한 조선공산당 재
(1911.2.2~ ?) | 건 강릉공작위원회의 병원 독서그룹반의 책임자로 활동. 1934년 치안유지법 위반으로 서대문형무소에 수감되어 징역 9개월.

함명숙 | 1919년 세브란스병원 간호부로 근무하면서 대한민국애
(1893~1973.11.28) | 국부인회 회원으로 활동한 것으로 추측.

홍덕주 | 1919년 전라남도 광주군 제중원 간호인(남자 간호사)
(1890.12.17~1935.4.18) | 으로 〈조선독립 광주신문〉 제작과 배포 활동.
2007년 건국훈장 애족장.

간호사의 항일구국운동

독립군이 된 간호사에 대해 글을 써달라는 부탁을 받고 생각했어요.

"간호사 중에 몇 명이나 독립운동을 했을까?"

신채호 선생의 부인 박자혜 선생이 간호사와 산파였다는 사실만 어렴풋이 알고 있던 상태라 먼저 자료를 찾아보았어요. 책과 자료를 통해 많은 간호사들이 1919년 3·1운동을 겪으며 독립운동의 길로 나아갔다는 사실을 알 수 있었어요. 만세를 부르다 다친 수많은 사람들을 직접 치료해야 했던 간호사들은 더 이상 안락한 생활을 누리고 살 수 없을 정도로 충격을 받았던 것 같아요.

독립운동을 한 간호사들 중 기록이 남은 분은 극히 일부였어요. 간호사라는 직업은 전문직으로 현재도 사람들의 부러움을 사는 직업이지만 일제강점기 때에는 더욱 그랬다는 사실도 알 수 있었고요. 간호사의 숫자가 지금과는 비교도 할 수 없을 정도로 적었어요.

독립운동에 나선 간호사들은 개인의 미래를 버리고 조국 독립의 험난한 길로 나아가신 분들이었어요. 고난을 함께했지만 남성들에 비해 기록이 남아 있는 분은 아주 적었어요. 대부분 후방에서 돕거나 가정을 꾸려 아이들을 키우며 남자들의 독립운동을 지원하는 경우가 많았기 때문인 듯합니다. 이런 여성 독립운동가의 희생이 없었다면 독립군들은 일제에 맞서 투쟁을 계속 이어가기 힘들었을 거예요. 여성 독립운동가에 대해 더욱 관심을 갖고 자료를 발굴하고 희생에 대한 예우를 해야 한다고 생각합니다.

자료를 보면서 저는 많은 분 중 정종명, 노순경, 박자혜 선생 세 분에 대해 쓰기로 결정했어요. 세 분은 만세운동을 벌인 뒤에도 평생에 걸쳐 독립운동을 한 분들이에요. 책과 자료들을 살펴보며 세 분 선생의 일생을 곱씹어 생각해 봤어요. 자료를 읽으면 읽을수록 더욱 존경심이 들었는데요. 정종명 선생을 쓸 때는 저도 함께 신이 났고, 노순경 선생을 쓸 때는 정말 명문가란 이런 집을 말하는구나 감탄이 절로 났어요. 박자혜 선생과 신채호 선생의 삶을 쓸 때는 저도 모르게 눈물이 많이 났어요. 가슴이 무척 아프면서도 두 분의 독립을 향한 지칠 줄 모르는 투쟁에 마음이 숙연해졌습니다.

노순경 선생의 외손자 김영준 님

이야기의 기본 얼개를 짜고 난 뒤 유족들을 찾았어요. 제일 먼저 연락이 된 분은 노순경 선생의 외손자 김영준 님이었어요. 노순경 선생은 해방 후에는 비교적 평범하게 지내셨는데 8녀 1남을 낳아 모두 훌륭하게 키워 내셨대요.

김영준 님은 노순경 선생의 셋째 딸 박현자 님의 아들인데 아버지(노순경 선생의 셋째 사위)와 함께 원주에서 노순경 외할머니와 박정식 외할아버지의 일생을 정리해 전시하고 있었어요.

"사실 할머님이 만세운동을 하시다 유관순 열사와 같은 시기에 서대문형무소 8번 방에 갇혔었다는 사실을 모르고 살았어요. 제가 군대 제대하고 정릉으로 할머니를 찾아뵈었을 때 마침 TV에서 유관순 열사가 나왔어요. TV를 보시던 할머님이 빙그레 웃으시며 함께 감옥에 있었다고 하시는 거예요. 그동안 왜 말씀 안 하셨냐고 하니까 뭐 대단한 일이라고 떠벌리냐고 하셨어요. 나라 잃은 백성으로서 당연한 일이었다고요."

노순경 선생은 해방이 된 뒤 자식들에게도 만세운동을 했던 일을 자세히 말하지 않았대요. 어깨와 허벅지에 일본 순사가 달군 젓가락으로 지져서 생긴 흉터에 대해서도 다쳤다고만 할 뿐 자세한 이야기는 하지 않으셨대요.

"할머니는 8녀 1남과 손주들을 평생 사랑으로 대하셨

어요. 29명의 손주들이 태어날 때 모두 산후조리를 해 주셨어요. 그렇게 조용하고 부드러우신 분이 서슬이 퍼런 일제에 맞서 만세운동을 벌였다는 것이 믿기지 않을 정도예요."

노순경 선생의 9남매와 그 자녀들은 미국, 캐나다, 아프리카 우간다, 태국에 흩어져 살고 있어서 노순경 선생은 노년에 해외여행을 많이 하셨대요.

"지구촌 많은 나라를 다니셨는데 단 한 나라는 일부러 안 가셨어요. 어느 나라일까요?"

"일본이요?"

"네. 맞추셨어요. 일본놈들 보기 싫다고 한 번도 안 가셨어요."

김영준 님과 저는 웃음을 터뜨렸어요. 후손들은 모두 노순경 선생을 마음 깊이 존경하고 사랑하고 있다고 말하는 김영준 님의 말 속에 노순경 선생에 대한 존경이 묻어 있었어요.

박자혜 선생의 며느리 이덕남 여사

두 번째로 연락이 된 분은 박자혜 선생과 신채호 선생의 며느리 이덕남 님이었어요. 박자혜 선생의 외아들 신수범 님은 살아오는 동안 각종 불이익과 불편을 감수해야 했대요. 그건 해방이 된 뒤에도 마찬가지였는데요.

신채호 선생은 이승만의 잘못을 알아차리고 임시정부에서 쫓아낸 적이 있어요. 1919년 2월 임시정부의 대통령이었던 이승만은 미국이 일본을 한반도에서 몰아내고 그 대신 우리나라를 맡아서 다스려달라는 청원서를 미국 대통령 윌슨에게 보내요. 일본 식민지에서 미국 식민지로 바꿔달라는 것이죠. 대한민국 임시정부뿐만 아니라 국내외 모든 항일무장 독립운동 단체들이 발칵 뒤집어졌어요. 독립운동에 찬물을 끼얹은 것이죠.

"이완용이나 송병준은 있는 나라를 팔아먹었지만 이승만은 아직 있지도 않은 나라를 미국에게 팔아먹었다."

결국 이승만은 1925년 3월 대한민국 임시정부로부터 탄

핵되어 대통령직에서 해임되었어요. 이승만의 위임통치 청원은 해방된 뒤 미국이 남한을 점령하여 3년간 직접 통치하는 명분을 주었고 남북분단의 원인이 되었어요. 이승만의 위임통치 청원서를 가장 강력하게 반발한 분이 단재 신채호 선생이었어요.

그런 이승만이 대통령이 되자 신수범 님은 일제강점기보다 더 심한 탄압을 받게 되었어요. 신수범 님이 평양을 방문한 김구 선생을 만난 적이 있었대요.

"수범아, 이승만이 네가 신채호 아들인 것을 알면 가만두지 않을 거다. 조심해라."

이승만 대통령이 국민들에 의해 쫓겨날 때까지 신수범 님은 신채호의 아들이라는 말도 못 하고 살았대요. 박정희 정권 때에도 사정은 마찬가지였어요. 신채호 선생이 쓰신 '조선혁명선언'을 읽은 대학생들이 독재를 비판하자 박정희 정권은 신채호 선생의 가족을 탄압했어요.

신채호 선생이 호적이 없는 무국적자로 남아 있었기 때문에 신수범 님은 어머니 호적에 미혼모의 자식으로 올라

있었어요.

"그 후 여러분들이 함께 싸워준 덕분에 신채호 선생의 호적은 찾게 되었어요."

그렇다고 모든 무국적 독립운동가의 국적이 회복된 것은 아니었어요. 만주에서, 중국에서 독립운동을 하느라 무국적자가 된 32만 명이 끝내 국적을 회복하지 못했어요. 그래서 지금도 독립운동가 후손들은 한국 땅에 들어올 수 없어요.

"신채호 선생과 몇몇 분은 국적이 회복되었지만 이번에는 박자혜 선생이 신채호 선생의 부인으로 등록될 수 없었어요. 1920년 결혼을 할 때의 증명서가 없기 때문이래요. 그때 독립운동하러 조국을 떠나 일본 경찰을 피해 살던 분들이 무슨 결혼식을 하고 혼인신고를 하고 살았겠어요? 아직도 해결이 안 된 것을 생각하면 후손으로서 무척 마음이 아픕니다. 제가 살아있는 동안 그걸 해결하기 위해 백방으로 뛰어다니고 있지만 어렵네요."

이덕남 님은 남편 신수범 님에게 들은 박자혜 선생과 신채호 선생에 대한 이야기를 많이 들려주셨어요. 신수범 님이 평생 아버지를 몹시 그리워했다는 이야기를 하실 때에는 목이 메기도 했습니다.

  신수범 님은 부인인 이덕남 님에게 평생 이렇게 말했대요.

  "남들은 아버지가 일제에 맞서 한 치의 물러섬도 없이 평생을 싸운 투사니까 매서운 사람인 줄 알지만, 아니오. 내게 있어 아버지는 나를 무릎에 앉히고 하염없이 눈물 흘리던 자상한 분이오. 그때 북경에서 지낸 한 달 동안 아버지는 다른 아버지들이 평생 해줄 사랑을 나에게 주셨소. 나는 어려울 때마다 나의 어머니 아버지를 생각하며 살아왔소. 신채호의 아들이 저렇게 산다, 박자혜의 아들이 이렇게 됐다. 사람들이 손가락질 할까봐 늘 조심했소. 두 분의 아들로서 부끄러움 없이 살아야겠다고 수없이 다짐했다오. 지금도 아버지의 자애로운 모습이 눈에 선하여 그립고, 또 그리울 뿐이오."

  신수범 님이 돌아가시고 난 뒤 누군가 이덕남 님을 찾아왔대요.

"저는 1928년 성애병원에서 난산으로 고생하다가 박자혜 선생의 도움으로 태어난 사람이에요. 박자혜 선생의 가족을 찾으려 백방으로 수소문했어요. 이 세상에 태어나게 해 주셔서 감사하다는 말씀을 꼭 드리고 싶었습니다."

이덕남 님과 그 분은 손을 잡고 소중한 인연을 새삼 신기해 했대요.

이덕남 님은 신채호 선생의 집을 다시 찾기 위해 애쓰고 있대요. 망명하면서 두고 간 집을 조선총독부가 강제로 빼앗았고 이후 수차례 주인이 바뀌었다고 합니다. 그래서 단재 신채호 선생 집터는 아직까지 표석도 세우지 못 하고 있습니다.

윤석남 화백이 그린 박자혜 선생의 초상을 본 것은 글을 다 쓰고 난 뒤였어요. 남편 신채호의 유골함을 안고 조국으로 들어올 때의 모습을 그린 그림이었어요. 박자혜 선생은 슬픔에 빠진 가여운 여인이 아니라 남편의 죽음도 독립에 대한 의지를 꺾을 수 없다고 외치는 듯 대단한 기개가 느껴지는 모습이었습니다.

정종명 선생 후손을 찾지 못하다

마지막으로 정종명 선생의 후손을 찾았지만 찾을 수 없었어요. 정종명 선생의 아들 박홍제가 '무서청년에게 고함'이라는 글을 썼는데 무서청년이 정확히 무슨 뜻인지 아무리 찾아도 알 수가 없었거든요. 그래서 직접 후손에게 듣고 싶었어요.

보훈처에 알아봤지만 정종명 선생은 애국 훈장을 받은 것은 사실이지만 애국지사로 등록되어 있지는 않다는 대답을 들었어요.

"무슨 의미인가요?"

"훈장을 받으면 그걸 근거로 가족들이 애국지사로 등록하는 절차를 거쳐야 애국지사가 돼요. 그런데 그렇게 하지 않은 거죠."

"가족이 없어서 그럴까요?"

"그건 저희도 알 수 없습니다."

가슴이 먹먹해졌어요. 정종명 선생에게 아들이 있었으니 후손이 있을 텐데 왜 그랬을까요? 정종명 선생이 북으로 갔으니 아들도 함께 가서 남한에 유족이 없을 수도 있겠죠. 아니면 아들 박홍제도 감옥에 들어갔던 기록이 있는 것으로 보아 그 후 힘겨운 삶을 살다 돌아가셨을 수도 있겠다 싶었어요. 자신의 할머니가 독립을 위해 모든 것을 내던지고 싸웠던, 나라를 빼앗긴 상황에서는 결코 편안히 앉아서 죽지 않겠다고 했던 당당한 장부 정종명 선생이라고 자랑스러워할 후손이 남한에 정말 아무도 없는 걸까요? 당연히 국가에서 애국지사의 후손들을 이제라도 찾아 나서야 한다는 생각이 강하게 들었습니다.

얼마 전 어떤 만화가가 독립운동가들은 게으르고 노력을 안 해 평생 가난하게 산 것이며 자식들도 가르치지 않아 대대손손 거지처럼 살고 있고, 친일파들은 부지런하고 똑똑해서 후손들도 모두 부자로 잘 산다고 말한 적이 있어요. 그 말을 듣고 많은 사람들이 분노했는데요. 그 사람은 전에도 그런 막말을 자주 해 관심을 끌어 돈벌이에 이용해 왔다고 해요.

들도 보도 못한 그런 사람이 감히 독립운동가들을 희롱할 수 있었던 이유는 무엇일까요? 모든 것을 내놓고 나라를 위해 목숨을 바쳤던 독립운동가들을 후손인 우리들이 제대로 대우하지 않았기 때문 아닐까요? 또한 친일파에 대한 응징을 제대로 하지 못했기 때문이기도 하고요.

우리나라에서는 그런 노력을 전혀 하지 않았던 걸까요? 그렇지는 않아요. 일제로부터 해방이 된 뒤 가장 시급했던 일이 친일파를 처단하는 일이었어요. 나라를 팔아먹는 대가로 작위를 받고 땅을 받고 집을 받은 이들의 재산을 몰수하고 죗값을 받게 해야 한다고 국민들은 대부분 그렇게 생각했어요.

 그래서 당연히 독립이 되어 대한민국 정부를 세울 때 친일파를 처벌할 특별법을 만든다는 조항을 헌법에 두었어요. 이에 따라 반민족행위특별 조사위원회(줄여서 반민특위)를 설치했어요. 반민특위 조사위원은 각 도에서 1명씩 10명의 국회의원으로 구성되었어요. 조사위원이 반민족행위자, 즉 친일파로 판단하면 특별검찰부와 특별재판부에서 재판을 받기로 되어 있었어요.

 반민특위는 1949년 1월 본격적인 활동을 시작하여 7,000여 명의 친일파 명단을 작성하고 체포 준비에 들어갔어요. 널리 알려진 친일파 가운데 도망치려는 사람들을 먼저 잡아들였어요. 1949년 1월 8일에 미국으로 도망가려던 박흥식과 반민특위 반대 운동을 적극적으로 펼치던 이종형을 체포했어요. 이어 전국적으로 널리 알려진 친일파를 잇달아 잡아들이자 많은 국민들이 친일파의 행적을 증언

하거나 제보하기 시작했어요.

　반민특위의 활동은 국민들의 높은 관심과 지지를 받았어요. 그러자 스스로 자수하는 친일파가 줄을 섰어요.

　그러나 친일파 처벌을 원하지 않았던 이승만 대통령은 반민특위의 활동을 비난하는 담화를 여러 차례 발표하더니 급기야 반민특위의 힘을 빼기 위해 반민족행위처벌법을 바꾸는 개정안을 국회에 제출해 반민특위 활동을 방해하고 친일파를 적극 감싸고돌았어요. 국내에 지지 세력이 별로 없었던 이승만은 친일파를 자신의 편으로 삼았고 미국과 미군정 역시 친일파 보호정책을 펼쳤지요. 그러자 힘을 얻은 친일파들은 반민특위를 무너뜨리기 위해 친일 경찰과 친일 고위 관리들과 뭉쳐 살아남으려 발악을 했어요.

　결국 내무부 차관 장경근이 경찰들을 이끌고 6월 6일 반민특위 사무실을 습격하여 반민특위 대원을 체포하고 무장해제를 시켰어요. 강원도, 충남, 충북에서도 이런 일이 벌어지면서 반민특위는 서서히 무너지기 시작했어요.

대통령이 대놓고 친일파의 편을 드는데 무슨 활동을 할 수 있었겠어요?

그러자 반민특위 위원들은 항의하며 전원 사표를 제출했고, 새로 조사위원을 선출했으나 친일파를 거의 체포하지 않았어요. 더구나 기가 막힌 것은 친일파 처벌에 적극 나섰던 국회의원들을 '국회 프락치(어떤 조직에 들어가 자신의 신분을 속이고 몰래 활동하는 사람) 사건'으로 빨갱이로 몰아 잡아들인 사건이었어요.

"친일파를 잡아들이려는 놈들은 빨갱이다."

전혀 이해할 수 없는 이런 말들로 반민특위를 무너뜨리려 발악을 했어요. 국회의원도 빨갱이로 몰아서 체포하는데 무서워서 누가 나서서 친일파를 조사하겠어요?

1949년 10월, 반민특위는 사실상 해체되었어요. 민족정기와 사회 정의를 바로 세우기 위해 설치된 반민특위가 친일 세력과 이승만 대통령, 미군정의 방해로 친일파를 처단하기는커녕 오히려 면죄부만 주는 꼴이 된 것이죠.

그 후 친일파와 그들의 후손들은 우리 사회의 지배세력으로 군림하게 됩니다. 국회의원으로, 대학 총장으로, 법조인으로, 정치인으로 대를 이어 떵떵거리며 살고 있죠. 독립운동가의 후손들이 아직도 어렵게 살고 있는 것과 정반대로요.

앞으로 또 나라를 잃는 일이 생긴다면 과연 누가 나라를 위해 목숨을 바쳐 싸울까요? 아무도 없다면 대한민국이라는 나라는 지구상에서 사라지겠지요.